竞争性国企混改法治化研究

—— 殷书建　著 ——

知识产权出版社
全国百佳图书出版单位
—北京—

图书在版编目（CIP）数据

竞争性国企混改法治化研究 / 殷书建著 . — 北京：知识产权出版社，2025. 5.
ISBN 978-7-5130-7313-4

Ⅰ. D922.291.914

中国国家版本馆 CIP 数据核字第 2024PS5198 号

责任编辑：张琪惠　　　　　　　　责任校对：潘凤越
封面设计：宗沅书装 + 李宗燕　　　责任印制：孙婷婷

竞争性国企混改法治化研究

殷书建　著

出版发行：**知识产权出版社**有限责任公司	网　　址：http://www.ipph.cn		
社　　址：北京市海淀区气象路 50 号院	邮　　编：100081		
责编电话：010-82000860 转 8782	责编邮箱：963810650@qq.com		
发行电话：010-82000860 转 8101/8102	发行传真：010-82000893/82005070/82000270		
印　　刷：北京建宏印刷有限公司	经　　销：新华书店、各大网上书店及相关专业书店		
开　　本：880mm×1230mm　1/32	印　　张：7.5		
版　　次：2025 年 5 月第 1 版	印　　次：2025 年 5 月第 1 次印刷		
字　　数：182 千字	定　　价：78.00 元		

ISBN 978-7-5130-7313-4

　　本书系江苏省社会科学基金项目"干部容错案例说理的可接受性及其实现研究"（22DJD003）的阶段性成果，由"十四五"江苏省重点学科项目、江苏高校优势学科建设工程项目资助

前　言

　　2013 年，党的十八届三中全会通过了《中共中央关于全面深化改革若干重大问题的决定》，该决定明确国有资本、集体资本、非公有资本等交叉持股、相互融合的混合所有制经济是基本经济制度的重要实现形式。2015 年出台的《中共中央、国务院关于深化国有企业改革的指导意见》和《国务院关于国有企业发展混合所有制经济的意见》再次明确指出，要促进国有资本、集体资本、非公有资本等交叉持股、相互融合，分类分层推进国有企业混合所有制改革。2020 年 6 月 30 日，中央全面深化改革委员会第十四次会议审议通过了《国企改革三年行动方案（2020—2022 年）》，正式拉开了国企改革三年行动的序幕，明确这三年是国企改革的关键阶段，要坚持和加强党对国有企业的全面领导，坚持和完善基本经济制度，坚持社会主义市场经济改革方向，抓重点、补短板、强弱项，推进国有经济布局优化和结构调整，增强国有经济竞争力、创新力、控制力、影响力、抗风险能力。

　　党的二十大报告指出："深化国资国企改革，加快国有经济布局优化和结构调整，推动国有资本和国有企业做强做优做大，提升企业核心竞争力。"❶2022 年中央经济工作会议指出："要深

---

❶　习近平：《高举中国特色社会主义伟大旗帜　为全面建设社会主义现代化国家而团结奋斗——在中国共产党第二十次全国代表大会上的报告》，中央人民政府网站，https://www.gov.cn/xinwen/2022−10/25/content_5721685.htm，最后访问日期：2024 年 2 月 5 日。

化国资国企改革，提高国企核心竞争力。"❶过往三年，国有企业混合所有制改革处于快速推进、实质开展的新阶段。面对外部环境急剧变化等风险考验，各地各有关部门和广大国有企业坚持以习近平新时代中国特色社会主义思想为指导，认真贯彻中共中央、国务院关于实施国企改革三年行动的决策部署，扎实推进各项改革任务落地，取得了一系列重大成果，积累了一大批宝贵经验，为新一轮深化国企改革奠定了坚实基础。❷2023年中央经济工作会议强调，2024年要"深入实施国有企业改革深化提升行动，增强核心功能、提高核心竞争力"❸。当前，新一轮国企改革深化提升行动正在有序推进，"围绕营造公平竞争市场环境深化改革，更大力度促进各类所有制企业共同发展。……加强同各类所有制企业的协同合作。积极稳妥深化混合所有制改革，更好发挥积极股东作用，提升国有控股上市公司质量，鼓励国有企业与其他所有制企业加强各领域合作，在更深层次更高水平实现优势互补、互利共赢"❹是核心行动之一。

国有企业混合所有制改革并非新鲜事物，它是过往国企改革的延伸，是全面深化改革背景下党和政府对国企改革方向的新判断。随着国企混改的深入推进，中共中央、国务院先后出台了若干配套文件，形成了国企改革"1+N"政策体系。根据知本咨询国企改革研究院统计，截至2020年8月，中央各部委出台的国企改革相关政策共有192项，涉及国资监管、国企混改、产权管理、中长

---

❶ 《中央经济工作会议举行 习近平李克强李强作重要讲话》，中央人民政府网站，https://www.gov.cn/xinwen/2022-12/16/content_5732408.htm，最后访问日期：2024年2月5日。

❷ 国务院国资委党委：《国企改革三年行动的经验总结与未来展望》，《人民论坛》2023年第5期，第6页。

❸ 《中央经济工作会议在北京举行 习近平发表重要讲话 李强作总结讲话 赵乐际王沪宁蔡奇丁薛祥李希出席会议》，人民网，http://cpc.people.com.cn/n1/2023/1213/c64094-40137591.html，最后访问日期：2024年2月5日。

❹ 国务院国资委党委：《国企改革三年行动的经验总结与未来展望》，《人民论坛》2023年第5期，第9页。

期激励、法人治理、税务政策等方面，各省出台的地方国企改革政策达到 1488 项。❶ 中央乃至地方出台的各式政策文件，一定程度上引导着国有企业混合所有制改革规范进行，然而，相较于法治引领，政策推进具有明显的短期性和波动性，要想新一轮国企改革通过混改方式取得预期成效，法治的引领与保障必不可缺，这也与习近平总书记强调的"重大改革于法有据"精神相契合。2021 年 10 月 17 日，为深入学习贯彻习近平法治思想，落实中央全面依法治国工作会议部署，进一步推进中央企业法治建设，提升依法治企能力水平，助力"十四五"时期深化改革、高质量发展，国资委印发了《关于进一步深化法治央企建设的意见》，明确："坚持运用法治思维和法治方式深化改革、推动发展，紧盯国企改革三年行动、中央企业'十四五'发展规划重点工作，深入分析对企业提出的新任务新要求，提前研究可能出现的法律合规问题，及时制定应对方案和防范措施。法务人员全程参与混合所有制改革、投资并购等重大项目，加强法律审核把关，坚持依法依规操作，严控法律合规风险。"❷ 新阶段，如何"混好资本"，顺利引入非公有资本投资者，以及"改好机制"形成分权制衡的混合所有制企业公司治理机制与高效的国资监管体制，是国有企业混合所有制改革需直面的两大课题。在市场化导向的分类改革背景下，作为国有企业混合所有制改革的突破口和关键，竞争性国企混改必将直面这些课题。基于此，本书拟以竞争性国企混改为考察对象，细致梳理"混资本"过程与"改机制"之内（公司治理机制）、外（国资监管体制）部治理机制运行中所存在的困境，试图运用法律这一制度工具给出解决方案，实现竞争性国企混改的法治化。

---

❶ 刘斌：《【混改风云】2020 国企混改"深耕年"全景透视》，搜狐网，https://www. sohu.com/a/420233989_809226，最后访问日期：2024 年 11 月 25 日。

❷ 《关于印发〈关于进一步深化法治央企建设的意见〉的通知》，国务院国资委网站，http://www.sasac.gov.cn/n2588035/c21487848/content.html?wm=2290&eqid=d838511600 0a25b0000000066445e10a，最后访问日期：2024 年 2 月 5 日。

本书共五章，主要内容如下。第一章主要讨论了竞争性国企混改的基础理论，阐释了所有制、所有权、产权、混合所有制、股份制、股份合作制、竞争性国有企业以及混合所有制改革等相关概念，并从国内、国际两个角度分析了竞争性国企混改的必要性，同时认为法治与改革的辩证关系，市场经济本质上是法治经济，以及政策与法律双向增进的全面法治观构成了竞争性国企混改法治化的理论依据。

第二章至第四章通过不同的视角梳理并归纳了竞争性国企混改中可能存在的困境：第二章主要梳理了"混资本"的过程困境，包括并购重组、整体上市、认购可转债、员工持股、设立私募股权投资基金等不同混合模式，民营资本、集体资本、外商资本等不同参混资本形态，以及决策审批、定价评估等不同资本混合程序；第三章从控制权、决策权、经营权及监督权等方面梳理了"改机制"项下内部治理机制的运行困境；第四章从国有资产监管及国有资本投资公司、运营公司等方面梳理了"改机制"项下外部治理机制的运行困境。

第五章基于前文梳理的"混资本"过程困境与"改机制"运行困境，结合竞争性国企混改实际，提出了产权清晰、意思自治以及利益衡平的法治化原则，从"混资本"与"改机制"两个方面给出了具有针对性的法治化建议：当前，应在贯彻现有政策文件精神的基础上，以行政法规形式出台"竞争性国企混改促进条例"，从"基干性"顶层设计角度统筹兼顾不同层级的规范性文件，同时优化《公司法》第七章"国家出资公司组织机构的特别规定"，对国有独资公司、国有资本控股公司进行全面调整，以监管职责与履行出资人职责分离为基础，修订《企业国有资产法》《企业国有资产监督管理暂行条例》以及《企业国有资产交易监督管理办法》，实现"资本"与"资产"的全面规范。

目 录

导　论

一、选题的理由及意义

（一）从政策推进到法治引领——国企混改的现实需要

面对经济发展新常态，2013 年党的十八届三中全会通过了《中共中央关于全面深化改革若干重大问题的决定》（以下简称《全面深化改革决定》），明确国有资本、集体资本、非公有资本等交叉持股、相互融合的混合所有制经济是基本经济制度的重要实现形式，同时指明了混改的主要形式，即"既有民营资本入股国企，也有国有资本入股民营企业，还有国有资本和民营资本合资设立新企业"❶。2015 年，《中共中央、国务院关于深化国有企业改革的指导意见》（以下简称《国有企业改革指导意见》）出台，该意见共 30 条，明确指出要促进国有资本、集体资本、非公有资本等交叉持股、相互融合，分类分层推进国企混改，可以称之为新一轮国企混改的顶层设计。此后，中共中央、国务院又先后出台了若干配套文件，如《国务院关于国有企业发展混合所有制经济的意见》（以下简称《发展混合所有制经济意见》）、《关于深化混合所有制改革试点若干政策的意见》、《中央企业混合所有制改革操作指引》（以下简称《操作指引》）等，这就是所谓的国企改革"1+N"政策体系。根据知本咨询国企改革研究院统计，截至 2020 年 8 月，中央各部委出台的国企改革相关政策共有 192

---

❶ 钟勇：《发展混合所有制经济　完善基本经济制度》，人民网，http://theory.people. com.cn/n1/2020/0603/c40531-31733275.html，最后访问日期：2024 年 11 月 25 日。

项，涉及国资监管、国企混改、产权管理、中长期激励、法人治理、税务政策等方面，各省出台的地方国企改革政策达到 1488项；各地方、各行业也在加速推进混改实践，2019 年在中国 35个国有产权交易机构披露的项目合计为 3050 个，包括增资、股权转让等，2020 年 1—8 月，正式披露的项目达到 2493 个。❶2020 年 6 月 30 日，中央全面深化改革委员会第十四次会议审议通过了《国企改革三年行动方案（2020—2022 年）》（以下简称《三年行动方案》），明确 2020—2022 年是国企改革的关键阶段。2023 年 11 月 8 日，国务院国资委党委委员、副主任袁野在"2023 年国有企业民营企业协同发展项目推介会"上表示："国务院国资委认真学习近平总书记重要指示精神，坚决贯彻党中央、国务院决策部署，扎实推进国有企业与民营企业合作，并取得积极成效。国企改革三年行动以来，中央企业与民营企业等社会资本股权合作金额超 9000 亿元。截至目前，中央企业对外参股投资各类企业超过 1.3 万户。"❷党的二十大报告指出："深化国资国企改革，加快国有经济布局优化和结构调整，推动国有资本和国有企业做强做优做大，提升企业核心竞争力。"❸2023 年 6月，中共中央办公厅、国务院办公厅联合印发《国有企业改革深化提升行动方案（2023—2025 年）》，标志着继国企改革三年行

---

❶ 刘斌：《【混改风云】2020 国企混改"深耕年"全景透视》，搜狐网，https://www.sohu.com/a/420233989_809226，最后访问日期：2024 年 11 月 25 日。

❷ 《"2023 年国有企业民营企业协同发展项目推介会"在京举办》，北京产权交易所网站，https://www.cbex.com.cn/wm/rddt/bjsdt/202311/t20231108_177642.html，最后访问日期：2024 年 8 月 5 日。

❸ 习近平：《高举中国特色社会主义伟大旗帜 为全面建设社会主义现代化国家而团结奋斗——在中国共产党第二十次全国代表大会上的报告》，中央人民政府网站，https://www.gov.cn/xinwen/2022-10/25/content_5721685.htm，最后访问日期：2024 年 2 月 13 日。

动之后的新一轮改革正式启动。❶ "围绕营造公平竞争市场环境深化改革，更大力度促进各类所有制企业共同发展。……加强同各类所有制企业的协同合作。积极稳妥深化混合所有制改革，更好发挥积极股东作用，提升国有控股上市公司质量，鼓励国有企业与其他所有制企业加强各领域合作，在更深层次更高水平实现优势互补、互利共赢"❷ 是新一轮国企改革深化提升行动方案的核心内容之一。

习近平总书记一贯高度重视法治对改革发展稳定的引领、规范与保障作用，多次强调要运用法治思维和法治方式深化改革。中央乃至地方出台的各式政策文件，一定程度上引导着国企混改规范进行，然而，相较于法治引领，政策推进具有明显的短期性和波动性，要想新一轮国企改革通过混改的方式取得预期成效，法治的引领与保障必不可缺，这也与习近平总书记强调的"重大改革于法有据"的精神相契合。新阶段，如何"混好资本"顺利引入非公有资本投资者，以及"改好机制"形成分权制衡的混合所有制企业公司治理机制与高效的国资监管体制，是国企混改需要直面的两大课题，这也决定着国企混改的成败。市场化导向的分类改革背景下，竞争性国有企业是国企混改的突破口和关键，必将直面前述两大课题。为此，笔者将从法治视角系统考察"混资本"（不同混合模式、参混资本形态及资本混合程序）和"改机制"（混合所有制企业公司治理机制与国资监管体制）的困境，细致梳理问题并提出法治建议。

---

❶ 刘青山：《以提高国企核心竞争力为支撑 进一步增强国有经济核心功能》，《国资报告》2023 年第 9 期，第 1 页。

❷ 国务院国资委党委：《国企改革三年行动的经验总结与未来展望》，《人民论坛》2023 年第 5 期，第 9 页。

（二）经济学与法学研究并重——丰富国企改革理论研究的需要

改革意味着所涉各方主体的利益将被重新衡量与分配。毋庸置疑，混合所有制是一个经济学概念，但混合所有制改革应是一个兼具经济学与法学属性的混合概念。如果说经济学是对国企混改的效率加以研究，那么法学就应该承担起使国企混改稳定持续进行的重任。国企混改中资本顺利混合，所涉各方主体的利益被合理分配，混合所有制企业的内部治理机制与外部治理机制良性运转，这都需要法律发挥规范与保障功能，以规避"所有者缺位""外部性""内部人控制"带来的经营效率低下和国有资产流失问题，实现新一轮国企改革目标。

从国企混改自身来看，其具有法学研究的必要性。习近平总书记指出，社会主义市场经济本质上是法治经济。《国有企业改革指导意见》作为新时期国企改革的顶层设计，亦指出新时期深化国有企业改革应坚持社会主义市场经济改革方向。国企混改作为经济体制改革的组成部分，应当遵循法治化原则有序推进。清晰的产权界定是市场交易的前提，从性质上来看，国企混改属于产权制度改革，准确界定不同经济主体对财产的占有方式和范围是顺利推进国企混改的前提和基础，在所有权与经营权相分离的情况下，经营者虽无所有权，但在一定时间内和一定程度上拥有占有、使用、收益和处分特定财产的权利。出于提高产权利用效率之目的，从法律上明确划定不同经济主体对特定财产的所有权及占有权、使用权、收益权、处分权的范围是必要的，也是可靠的。

从法学研究对象来看，国企混改具有法学研究的可行性。国企混改是国有企业与不同所有制主体基于既定混改方案中约定的股权结构以合法合理的法人治理体系进行"混合"，优势互补，构建灵活的市场化经营机制，促使国企自主经营、自负盈亏，以达到放大国有资本功能、确保国有资产保值增值、提高国有资本竞争力之目的，最终激发经济活力，更好满足人民日益增长的美好生活需要的国企改革形式。这一过程中，不同所有制主体之间将会基于混改形式选择、战投敲定、国有资产定价评估、差异化股权结构设计、公司治理体系构建等行为进而形成契约等若干社会关系。这些关系本身就是法学的研究对象，维护这些关系的稳定性也是法律基本价值的体现。

　　作为社会科学的重要组成部分，经济学以资源配置效率提升为研究目标，法学则以社会秩序稳定和公平正义为根本指向，经济学的"增长"需要法学"保驾护航"，而法学也需要经济学提供的分析方法和实践借鉴，两者密不可分，互相增进。当前，关于国企改革尤其是国企混改的理论研究成果十分丰富，但一贯从经济学视角加以研究的现状将难以为国企改革保障机制的构建提供有力支持，企业发展不仅需要充足的生产资料，也需要稳定的制度环境。从马克思主义政治经济学视角来看，混合所有制改革是社会主义初级阶段我国进一步发展生产力的必要之举，有利于微观资源的合理配置，同时也是消除体制障碍、维护宏观制度稳定的有效途径。体制障碍的消除，势必会引发新一轮的制度创新，国企改革是消除体制障碍的难点和痛点，尤其需要法理念指引下的合理制度安排。法学视角下国企混改相关问题的研究最终将弥补国企改革理论研究的不足，充实国企改革理论研究体系。

二、国内外研究现状

（一）国内研究现状

1997 年，党的十五大报告中出现了"混合所有制经济"的概念，此后，国内学者陆续展开相关理论研究。整体来看，无论是对"混合所有制""混合所有制经济"的研究，还是对"国企混改""竞争性国企改革""竞争性国企混改"的研究，大部分从经济学和管理学层面展开，借助法学视角着手研究的较少。

从经济学和管理学层面展开研究的学者主要分析国企混改对企业绩效及创新效率产生的影响，如武常岐等（2014）、刘晔等（2016）、廖红伟等（2016）、赵放等（2016）、张涛等（2017）、王业雯等（2017）、谢海洋等（2018）、杨萱（2019）、朱磊等（2019）、张双鹏等（2019）、黄速建等（2020）。此外，在改革逻辑机理、改革路径、公司治理、利益分配等方面也有拓展性研究：改革逻辑机理方面，如贾利军等（2015）、郑志刚（2015）、刘震等（2015）、张冰石等（2018）、孙建强等（2019）；改革路径方面，如和军等（2014）、郑志刚（2015）、李跃平（2015）、罗良文等（2016）、綦好东等（2017）、祁怀锦等（2018）、姜凌等（2018）、李政等（2018）；公司治理方面，如杨红英等（2015）、张孝梅（2016）、佟健等（2016）、李红娟等（2017）、叶玲等（2018）、王曙光等（2019）、沈红波等（2019）、沈昊等（2019）、李红娟（2020）；利益分配方面，如吴树畅（2015）、李东升等（2015）、李建标等（2016）、王曙光等（2017）、洪正等（2019）。

不同于经济学和管理学研究视角，法学层面的研究与国家政策的推进息息相关，学者们或根据最新的国企改革政策拓展研究内容，或通过创新性研究推进国家政策深入落实。"混合所有制经济"的概念出现后，党的十五届四中全会（1999）、党的十六大（2002）以及党的十六届三中全会（2003）均提及积极推进股份制作为公有制的实现形式，党的十七大（2007）更是明确"深化国有企业公司制股份制改革，健全现代企业制度，……

以现代产权制度为基础，发展混合所有制经济"❶。这一时期的国企改革研究也大多围绕国企公司制股份制改革、产权制度及防止国有资产流失展开，这些研究对当下的国企混改仍有借鉴意义。比如，徐开墅（1998）认为，只有改革、改组和改造并进，才能体现出国企改革的内涵与实质，实现解放并发展生产力的目标，确保国有资产保值增值，国有企业应依抓大放小原则、投资多元化原则、参加市场竞争原则以及加强重点和优化机构原则改组。❷康德琯、林庆苗（1998）从经济学与法学视角分析了国有企业改革，其中涉及所有制理论、财产权理论、产权理论等，并对比分析了中西国企改革。❸张荣现（1998）认为，建立现代企业制度，应对我国现有的国有企业进行股份制改造，使其真正成为自主经营、自负盈亏的社会主义市场经济的主体，在改造过程中，要对改造条件和程序严格把握，并注意防止侵害国有资产行为的出现。❹周其华（1999）认为，江泽民同志在党的十五大报告中指出的"加快推进国有企业改革……对国有大中型企业实行规范的公司制改革"是增强我国国有大中型企业活力的重要措施，为确保改革的顺利进行，必须由法律明确规定，充分发挥法律的保障作用。❺刘股东（2000）主张国企公司制改革须理顺九大法律关系，建议限制国有独资公司形式的适用范围，改革现行

---

❶ 胡锦涛：《高举中国特色社会主义伟大旗帜　为夺取全面建设小康社会新胜利而奋斗——在中国共产党第十七次全国代表大会上的报告》，中央人民政府网站，https://www.gov.cn/ldhd/2007-10/24/content_785431.htm，最后访问日期：2024 年 8 月 5 日。

❷ 徐开墅：《关于国有企业改革与公司法制化的几点思考》，《政治与法律》1998 年第 3 期，第 41—43 页。

❸ 康德琯、林庆苗：《国有企业改革的经济学与法学分析》，法律出版社 1998 年版。

❹ 张荣现：《国有企业股份制改造的若干法律问题》，《河南师范大学学报（哲学社会科学版）》1998 年第 3 期，第 20—22 页。

❺ 周其华：《国有企业实行公司制改革的法律保障》，《法学杂志》1999 年第 4 期，第 11—12 页。

股票发行额度控制机制，主张国家股份原则上可被界定为在股东大会上无表决权，但在公司利润和剩余财产分配上享有累积优先权的股份，认为在国企改制和并购重组过程中要警惕国有资产流失，建议早日把国家股推向二级市场，并慎重选择国家股代理人。[1]徐晓松（2000）讨论了国企公司制改革中的产权问题，她认为首先应科学、正确地理解"产权清晰"的基本含义，其次是认识产权制度改革在国企公司制改革中的作用，在由国有企业改造而来的公司中，国有资本产权清晰的关键在于法律对国有股权主体的权利、义务和责任规定得很明确，对公司的权利、义务和责任规定得很明确。[2]卢炯星、杜惟毅（2000）则分析了国有企业公司化改组中存在的内部问题，例如内部人控制、监事会功能弱化等，并给出解决建议。[3]其他研究国企改革的学者有王保树（2000）、李国海（2001）、王红一（2001）、阳东辉（2002）、沈贵明（2002）、王汉亮（2003）等。

2004年，国企产权改革导致的国有资产流失问题引发"郎顾之争"，进一步激起了学术界、媒体界、企业界规模空前的论战，焦点是"国企产权改革何去何从"，"混合所有制经济"的推进也按下了暂停键。此后，学者的研究方向也较为分散，比如，张国平（2006）从法律视角通过对国企和现代企业产权制度的内涵分析说明了两者融合的可能性，通过对国企改革过程和现实的分析说明了国企和现代企业产权制度融合的可行性。[4]于永

---

[1]　刘股东：《推进国有企业公司制改革的法学思考》，《中国法学》2000年第1期，第18—30页。

[2]　徐晓松：《论国有企业公司制改革中的产权问题》，《政法论坛》2000年第2期，第13—17页。

[3]　卢炯星、杜惟毅：《国有企业问题的法律分析》，《中国经济问题》2000年第4期，第25—29页。

[4]　张国平：《国有企业与现代企业产权制度融合性的法律分析》，《南京社会科学》2006年第3期，第79—86页。

臻（2006）从法学和经济学视角对中小型国有企业的股份合作制制度变迁的规则和绩效进行考察，认为中小型国有企业将进行二次改制，放弃股份合作制，选择股份有限公司、有限责任公司等企业组织形式。❶李明辉（2006）认为，对国有企业经营者实行股权激励，可以促使其利益与企业趋同，从而降低代理成本，但由于我国国有企业股权激励不足与激励不当的问题并存，激励效果不尽理想，应当进一步完善相关制度，实现对国有企业经营者的有效激励。❷王明亮（2008）对国企治理制度进行了研究，在分析公司治理制度的理论基础、国企的本质与存在性及功能定位与特殊性、国企产权制度的基础上，探讨了国企内外部治理制度的问题，进而提出了完善国企治理制度的建议。❸徐晓松（2012）认为，垄断国有企业代表国家干预市场，由此产生的与社会公共利益的冲突具有特殊性，对垄断国有企业的监管与反垄断法的监管框架难以完全兼容，应在反垄断法监管框架外对垄断国企监管法律制度框架进行重新构建。❹

　　2013年，党的十八届三中全会进一步明确了发展国有资本、集体资本、非公有资本等交叉持股、相互融合的混合所有制经济。此后，作为新时期指导和推进中国国企改革的纲领性文件，《国有企业改革指导意见》更是直接明确推进国有企业混合所有制改革。随着国家明确国企混改的推进，"竞争性国企改革""竞争性国企混改"相关的法学研究成果也陆续出现，如丁

❶　于永臻：《中小型国有企业股份合作制改革的法和经济学考察》，《经济体制改革》2006年第5期，第55—59页。
❷　李明辉：《试论国有企业经营者股权激励》，《河北法学》2006年第6期，第32—39页。
❸　王明亮：《中国国有企业治理制度研究》，湖南师范大学出版社2008年版。
❹　徐晓松：《论垄断国有企业监管法律制度框架的重构》，《政治与法律》2012年第1期，第101—107页。

国民、随亮田（2014）研究了竞争性国企改革的法律路径，认为我国国企分为公益性国企和竞争性国企，对于不同类型的国企要分类改革、分类监管。● 张金艳（2018）认为，竞争性国企经过多次改革，其经营效率已经明显提升，但仍存在市场垄断问题，当前应不断进行反垄断法制创新与完善，提升竞争性国企的核心竞争力。● 孙晋（2020）主要针对竞争性国企改革的法律困境、理论争议、实践检视、改革机制与路径、反垄断法适用问题等进行了研究，并最终提出了竞争性国企法律制度应然演变的路径。● 林星阳（2020）认为，国企改革需以反垄断相关立法明确竞争性国企纵向价格垄断规制主体地位为基础，而在法律规制该主体相关行为的立法模式选择方面，应就该主体实施相关行为的特殊危害性以及过渡时期国企改革立法的时效性问题，探求既定法之稳定性与为专门目的而制定的有明确存续期间的特别法间之平衡，进而构思适用于竞争性国企纵向价格垄断的专门立法模式：一是以适用现行反垄断相关立法、有权解释的一般规则为前提；二是出台有关过渡时期国企改革立法时效性的特别规定。●

　　此外，其他相关主题的研究也相继展开，主要集中在国企混改法律保障的必要性、类型化改革、公司治理、员工持股等几个方面，具体分述如下。

● 丁国民、随亮田：《竞争性国有企业改革的法律路径》，《福建法学》2014 年第 2 期，第 80—83 页。

● 张金艳：《竞争性国企核心竞争力的提升：现状、探源及反垄断法制完善——由中美贸易战中兴事件说起》，《税务与经济》2018 年第 6 期，第 7—14 页。

● 孙晋：《竞争性国有企业改革路径法律研究——基于竞争中立原则的视角》，人民出版社 2020 年版。

● 林星阳：《竞争性国企及其纵向价格垄断立法模式探究》，《西南交通大学学报（社会科学版）》2020 年第 6 期，第 130—139 页。

国企混改法律保障的必要性方面，闫然、田志友（2014）认为，应主动扫清混合所有制经济发展中面临的企业法律属性不清、民营投资隐性壁垒突出等法律障碍，保障混合所有制中各方的权利。❶ 段宏磊、刘大洪（2015）认为，助推国企混改有前提性、核心性和保障性三大框架，对于非公有资本存在进入障碍的特殊行业，要进行系统的法律制度修订，改革过程中还要防范国有资产流失，并提出应以平等资本观为基本理念，以系统消除资本歧视为主要目的，修正《反垄断法》第 7 条资本歧视性基本立法，以及修订各特殊行业的资本歧视性特别立法，健全以防范国有资产流失为内容的风险防范立法。❷ 李超（2015）认为，在国企混改过程中，现有法律、法规不完善，新的市场主体仍面临着多处法律空白，潜在的问题有：一是法律主体地位不明确。新产生的混改主体在法律上如何界定，公有资本和社会资本的地位是否实际上达到平等而不是名义上的平等，新的法律能否消除公有资本在政治上的优势，给予社会资本公平的博弈机会，当社会资本遭受损害时，能否得到完整的保护。二是权利和义务不明确。公有资本和社会资本组合后，双方的权利和义务如何分配，能否落实"同股、同票、同权"的原则，按照权利义务对等的法律原则，公有资本在享受权利的同时，能否完全履行义务。三是监管主体和管辖权不明确。一些地方国企存在"多头共管"的情况，两级政府和国资委分别监管，部分人员违纪还要受到纪委部门追查，在公有资本和社会资本组合的公司中，如何解决这个问题，对原国企

---

❶ 闫然、田志友：《混合所有制改革进程中的法律挑战》，《上海国资》2014 年第 11 期，第 20—22 页。

❷ 段宏磊、刘大洪：《混合所有制改革与市场经济法律体系的完善》，《学习与实践》2015 年第 5 期，第 59—66 页。

管理层和新进入的民营企业管理者能否统一监管。❶汤吉军、安然（2016）认为，改革开放以来，我国国企改革不断深化，混合所有制经济虽取得长足发展，但也存在诸如国有资产流失、法人治理体系不健全、监管监督机制不到位等问题，要进一步深化国企改革，需要不断完善市场结构与法律体系，转变政府职能，健全现代企业制度。❷谭秋霞（2016）通过分析日本国企改革立法经验，认为我国国企改革应立法先行。❸黄群慧（2017）认为，国企混改是一个从点到面的过程，涉及股权结构、各方利益安排、资本混合等，这就需要相关法律法规逐步完善，发挥其规范与保障的功能，既要防范国有资产流失，又要保障非公有资本投资者及混合所有制企业的其他利益相关者的权益。❹李唯（2017）认为，上市改制重组包括混改的过程中有很多风险点，其中最关键的是公司和资产价值认定，要把好科学决策关、审计评估关和市场交易关。❺姚财福（2018）则探讨了国有电信企业混改的依法监管与法律保障问题。❻卞传山（2018）认为，国企混改最大的风险可能是法律风险与政策风险，为稳步推进国企混改，应在混改过程中准确识别法律风险并有针对性地设计解决方案。❼

---

❶ 李超：《酒业混改流产背后的法律空白》，《华夏酒报》2015 年 3 月 31 日，第 A03 版。

❷ 汤吉军、安然：《发展混合所有制经济的风险防范与治理》，《江汉论坛》2016 年第 5 期，第 18—22 页。

❸ 谭秋霞：《日本国企改革的法律分析及对我国国企混改的启示》，《法学论坛》2016 第 1 期，第 144—150 页。

❹ 黄群慧：《破除混合所有制改革的八个误区》，《经济日报》2017 年 8 月 4 日，第 14 版。

❺ 王兰：《深化国有企业混合所有制改革需要法律保障——访辽宁法理律师事务所主任李唯》，《鞍山日报》2017 年 8 月 14 日，第 A05 版。

❻ 姚财福：《加快国有企业混合所有制改革亟须完善配套法律制度》，《人民邮电》2018 年 8 月 28 日，第 8 版。

❼ 卞传山：《警惕国企混改法律风险》，《法人》2018 年第 2 期，第 51—53 页。

类型化改革方面，陈美颖（2014）认为，我国应从功能角度将国有企业划分为公共性国有企业与一般商事性国有企业，并进行针对性立法，实现有效的监督与激励。❶贾小雷（2014）考察了经济体制不同的国家对国有企业职能的划分，认为我国应将国有企业的职能划分为公益职能与一般经营性职能，并开展相应的制度建设，确保承担公益职能的国有企业更好地为我国发展服务。❷吴勇敏、何源（2015）通过对德国公营事业的研究，认为需回归国有企业"特殊公司法人"的本质，探索新的国有企业类型化标准，以更好地定位国有企业多元功能特性。❸段宏磊、刘大洪（2015）认为，在混合所有制改革中，对于非公有资本不存在进入障碍的一般竞争性行业，公有资本的投资结构要进一步限缩；对于非公有资本存在进入障碍的特殊行业，要进行系统的法律制度修订；改革过程中还要保证风险的可控性，防止国有资产流失。❹黎桦（2019）通过探讨《民法总则》规定的法人类型划分与国有企业现有分类的冲突，并考察借鉴发达国家对公益类国企的民事主体定位，提出了将法人分为公法人与私法人的制度重构建议，公益性企业法人应包含在公法人项下的特别公法人之内。❺

公司治理方面，刘俊海（2013）认为，国有企业现代企业制度的完善，应坚持公司制改革方向，准确界定国家股东权的行使

---

❶ 陈美颖：《类型化改革视角下国有企业之功能重构与立法调整》，《新疆大学学报（哲学·人文社会科学版）》2014 年第 4 期，第 41—45 页。

❷ 贾小雷：《公益类国有企业特殊法律规制的理论与实践》，《北京行政学院学报》2014 年第 2 期，第 84—90 页。

❸ 吴勇敏、何源：《德国公营事业对中国国有企业类型化之启示——以判例与立法为中心展开》，《社会科学战线》2015 年第 5 期，第 227—238 页。

❹ 段宏磊、刘大洪：《混合所有制改革与市场经济法律体系的完善》，《学习与实践》2015 年第 5 期，第 59—66 页。

❺ 黎桦：《〈民法总则〉法人类型体系的反思与改进——以国有企业分类改革为视角》，《社会科学》2019 年第 4 期，第 91—98 页。

主体，强化国家股东的分红权。❶ 吴越（2015）认为，国企混改并非最终的目标，应推进配套改革，充分运用黄金股、优先股、加权股等实现国有资本主导力，坚持外部投资者平等原则。❷ 赵树文（2015）认为，职业经理人不仅能够优化企业治理结构，还能提升企业经营效益。但当前我国国有企业职业经理人面临严重的问题，《公司法》《企业国有资产法》对职业经理人的规范存在较多缺失，为了更好地发展，必须从任职资格、选聘机制、权利架构、信义义务、激励机制及法律责任等方面完善国有企业职业经理人制度。❸ 王军、林莺（2015）研究了国企混改中控制股东的法律规制问题，认为法治化是解决问题的关键，比如通过公司治理机制解决政企不分问题。❹ 王建文、刘伟（2016）以商业类国有企业为对象，从法律角度对其股权结构改革进行了研究，认为应从商业类国有企业改革入手，探究其特殊的运营环境与发展特性，针对性地明确股权结构改革路径。❺ 张文魁等（2017）通过政策分析及中外实例研究探讨了混合所有制下公司治理问题与政企关系问题，他认为国企转变为混合所有制企业，并不等于建立了现代企业制度。如此，首先应深化股权结构改革，改变国有股一股独大的状况；其次需改革监管制度，当然，控制权的合理分配、职工身份的市场化、股东间关系的简单化和清晰化都有助

❶ 刘俊海：《深化国有企业公司制改革的法学思考》，《中共中央党校学报》2013 年第 6 期，第 79—85 页。

❷ 吴越：《国企"混改"中的问题与法治追问》，《政法论坛》2015 年第 3 期，第 26—37 页。

❸ 赵树文：《国有企业职业经理人法律制度完善》，《社会科学家》2015 年第 7 期，第 115—119 页。

❹ 王军、林莺：《混合所有制改革中控制股东法律规制研究》，《河北法学》2015 年第 5 期，第 22—30 页。

❺ 王建文、刘伟：《我国商业类国有企业股权结构改革的法律化路径》，《湖北社会科学》2016 年第 7 期，第 134—141 页。

于公司转型，更重要的是，民营资本、民营企业的财产权利得到法律保护，防止"官股"与"商股"之间发生严重冲突，都需要良好的法治体系做支撑。● 肖海军（2017）以政府董事为切入点，详谈了国有企业内部治理结构的重建，对政府董事的性质、地位以及委任主体、权限、流程等进行了讨论。● 陈希（2017）从股权平等角度探讨了国企混改中降低股东行权成本的路径。● 王勇等（2018）分析了传统国有资产管理模式下公司治理问题与管理层激励问题，并提出了完善独立董事制度及管理层激励措施的相关建议。● 王生斌（2018）认为，在我国国企拥有控制权的混合所有制公司中，普遍存在控制股东一股独大、公司治理结构不完善等问题，容易产生控制股东滥用权利的现象，如控制股东通过滥用表决权违规关联交易、侵占和挪用上市公司资产等，进而侵害公司及中小股东利益，应通过合理的制度设计强化对控制股东的权利制衡和责任约束，以此推进国有资本和民营资本之间的有效混合。● 孙晋、徐则林（2019）详细分析了国有企业党委会和董事会冲突的原因，并提出以董事会为投资决策中心，以党委会为政治领导核心。●

❶　张文魁等：《混合所有制与现代企业制度——政策分析及中外实例》，人民出版社2017 年版。

❷　肖海军：《政府董事：国有企业内部治理结构重建的切入点》，《政法论坛》2017 年第 1 期，第 173—181 页。

❸　陈希：《国企混合所有制改革中股权平等研究》，《河南社会科学》2017 年第 4 期，第 93—96 页。

❹　王勇、邓峰、金鹏剑：《混改下一步：新时代混合所有制改革的新思路》，清华大学出版社 2018 年版。

❺　王生斌：《混合所有制改革下的控制股东权利制衡研究》，《中南民族大学学报（人文社会科学版）》2018 年第 4 期，第 150—154 页。

❻　孙晋、徐则林：《国有企业党委会和董事会的冲突与协调》，《法学》2019 年第 1 期，第 124—133 页。

此外，员工持股方面，蒋建湘（2016）认为，员工持股是国企混改的重要形式，应实现员工持股类型、持股者（会）主体资格、股权退出机制等方面法定化。❶黄山（2017）也论述了员工持股对国企混改的重要意义，并主张将员工持股激励机制、退出机制法定化。❷

当然，上海西姆国有经济研究院和北京知本创业管理咨询有限公司对国企混改的相关实务研究较为深入，例如最新混改政策的解读，混改分类分层推进逻辑及难点，法人治理结构、市场化经营体制及激励约束机制的健全与完善，经营性与非经营性国企历史遗留问题的解决，党组织的运行模式，以及容错纠错机制的构建，等等，为理论研究的开展提供了坚实的实践基础。

整体来看，国企改革的相关研究与国企改革政策推进过程密切相关，对政策的依赖较强。从研究热度来看，改革开放到20世纪末呈上升态势，"郎顾之争"到党的十八届三中全会全面深化改革呈下降态势，此后随着《国有企业改革指导意见》的提出，再次呈上升态势。国企混改的法学研究始于2013年，但成果有限，主要集中于公司治理、法律保障的必要性以及类型化改革，无论是形式还是内容均处于起步阶段，尚有较大的研究必要性。经济学研究固然丰富与全面，但其注重改革效应与价值的研究导向注定不能兼顾法学研究所具有的改革成果确认及制度性保障价值，况且，无论是经济学研究还是法学研究，均较为分散、不成体系，亦难以助力正在进行的竞争性国企混改。

---

❶ 蒋建湘：《国企混合所有制改革背景下员工持股制度的法律构建》，《法商研究》2016年第6期，第34—41页。

❷ 黄山：《国企混改背景下员工持股的法律激励》，《中国经贸导刊》2017年第5期，第63—64页。

（二）国外研究现状

混合所有制在世界范围内普遍存在，采用混合所有制的典型国家如英国、日本、美国、新加坡、法国、委内瑞拉等，考虑到国外一般推行的是产权多元化或私有化改革，笔者以 "Diversification of Property Rights" "Privatization Reform" 为关键词在 HeinOnline 与 LexisNexis 等数据库中查询，遗憾的是，并未检索到关于产权多元化或私有化改革的研究成果。通过参阅国内学者对国外国企混改情况的介绍以及国外学者的著作，笔者发现国外学者基本都是从经济学角度基于公司治理及企业绩效对国企混改展开分析，比如，美国马萨诸塞大学经济学教授大卫·科茨（David Kotz）从混合所有制企业的评价研究视角，对国有企业所有制和私有企业所有制在一个企业里混合运用提出了疑问，他认为，由于私有企业运营的根本目标是企业利润最大化，私有投资者追逐的目标和公众追逐的目标是完全不同的，如果把这两种所有制混合到一个企业，毫无疑问会带来一些麻烦，例如，在混合所有制情况下，一个企业的经理人就需要明确他到底应该遵循哪个目标，是按照私有企业的诉求追逐利润最大化，还是确保国有企业所设立的各种目标得以实现？因此，在国企改革过程中，混合所有制模式只是其中一个选项，如果决策者希望通过采用混合所有制来提高企业的创新能力和生产效率，那么就需要更加谨慎，当混合所有制在一些国有企业运转得非常有效，利润也非常高的时候，这种利润实际上应该反馈给整个社会、整个国家，而不是给私有投资者。❶ 再比如，爱尔兰高威大学经济学教授特伦斯·麦克唐纳

---

❶　大卫·科茨：《混合所有制企业的评价研究——在"国有企业深化改革与规范治理国际学术研讨会"上的演讲》，张智远译，《马克思主义研究》2015 年第 2 期，第 140—142 页。

（Terrence McDonough）认为，基于软约束支付、政府的干预以及缺乏有效的竞争，国有企业的生产效率比较低，一些人支持国有企业私有化。这些人认为在私有化的过程中，可以从以下几个方面来改变国有企业的经营方式：其一，内部结构；其二，管理目标；其三，监管机制、信息系统、激励机制。❶

此外，反观各国私有化改革的丰富实践经验，对我国国企混改及本书研究颇具借鉴意义，具体分述如下。

英国的国有企业私有化改革源于凯恩斯主义的没落和新右派掌权，由于国有企业生产成本高、效率低的现实以及政府的财政需要等，新右派主导了私有化政策的设计和实施，并取得一定成功。❷其原因之一即具有一套比较完善的立法程序和财务制度，每一个大型企业，特别是具有自然垄断性质的公共企业，在私有化时都有配套的法律法规，如 1984 年《电信法》、1986 年《天然气法》，从而使私有化有章可循、有法可依。❸当然，作为英国国有企业私有化改革中的制度创新，黄金股制度也值得我国在竞争性国企混改中学习借鉴。

日本改革的途径是对国有企业进行股份公司化改造，一部分国企实行国有和私有的混合，另一部分国企则彻底转为私有。为保障国企改革顺利进行，改革之初，日本政府针对各类企业的不同情况颁布了相应的法律，对各国有企业改革的基本事项进行了具体规定，使改革的每一步都有法可依。比如，1986 年 11 月，国

---

❶　特伦斯·麦克唐纳：《爱尔兰国有企业私有化改革的经验教训——在"国有企业深化改革与规范治理国际学术研讨会"上的演讲》，张智远译，《马克思主义研究》2015年第 2 期，第 143 页。

❷　王勇、邓峰、金鹏剑：《混改下一步：新时代混合所有制改革的新思路》，清华大学出版社 2018 年版，第 72—73 页。

❸　毛锐：《国企改革与竞争策略的运用——撒切尔政府私有化改革的一点启示》，《探索与争鸣》2006 年第 6 期，第 48—49 页。

会通过《日本国有铁道改革法》，对国有铁路的分割和民营化作出具体规定；1984 年 12 月，日本政府通过了《日本电信电话股份公司法》《电气通信事业法》和《相关法律整备法》，确定了电信电话业务私有化改革的时间表及基本措施。对涉及公共利益的国有企业，日本也采取了完全私有与混合所有的改革方式，为了保持这些公司公益性与营利性之间的平衡，对于完全私有但仍涉及公共利益的国有企业，日本政府通过立法完善对其的监督，对于某些特殊领域的企业，如公共通信领域，为保障国家利益，日本通过立法规定了国家在这类企业中的最低持股比例。❶

美国作为最发达的市场经济国家之一，始终坚持市场至上的原则，认为只要是市场能做好的事情，政府就不应加以干预，这一原则也体现在美国对国有企业的改造过程中，从里根总统对美国国有企业的整体性改革和调整开始，后经过老布什、克林顿和小布什三位总统进一步的私有化改革，使美国国有经济比重达到了历史最低水平，其采取的出售资产、立约承包、特许经营、放松管制等多种多样的私有化措施，以及明确国有企业不同的经营目标进而分类经营，尽量降低国有经济的比重，改变政府直接管理的宏观管理模式，重视国有企业监督管理的立法工作等经验对我国国企混改有所启发。❷

法国经过半个多世纪的探索与实践，形成了以国家股东管理为主、行政管理和合同化管理相配合的多元化国有企业管理体制，为处理好国家股东代表机构与国家参股企业之间的关系，法国还制定了《国家参股局章程：国家参股局与国家参股企业关系的管

---

❶ 谭秋霞：《日本国企改革的法律分析及对我国国企混改的启示》，《法学论坛》2016 年第 1 期，第 144—148 页。

❷ 李俊江、史本叶：《美国国有企业发展及其近期私有化改革研究》，《吉林大学社会科学学报》2006 年第 1 期，第 115—120 页。

理规则》，从完善国家外部管理和企业内部治理两个层面改革国有企业管理体制。此外，议会、经济和财政部与审计法院还进行立法、财政和审计监督，形成了多元化和全方位的监管体系。经过改革，国家的国有资本所有者职能、行政监管职能和公共服务提供者职能得到有效区分，在国有资本布局方面，法国政府逐渐从商业竞争领域退出，使国有资本在自然垄断行业得到更多发展。❶

爱尔兰国有企业在私有化的过程中，可能有不同的目标，其中之一就是要提高国有企业的业绩，从爱尔兰电信公司私有化的过程来看，并不能证明所有制和该公司的业绩表现之间存在某种确定的关系，这种业绩不一定非得通过私有化才能达到，爱尔兰政府在私有化之前还会对公司的整体价值进行评估。通过吸取爱尔兰私有化的经验教训，中国在进行国企混改的时候，要小心谨慎，对于那些提供基础设施、公共服务的国有企业，要更加小心谨慎。❷

非洲自 2018 年以来，私有化进程再度加快，据不完全统计，截至 2019 年 11 月，已有 7 个国家相继推出私有化改革措施，涉及企业 300 余家，减轻债务负担是非洲国家开启本轮私有化改革的主要客观原因。相比上一轮私有化改革，本轮改革涉及农业、能矿资源、基建以及金融等关系国内民生的重要领域，程度加深、影响范围扩大，除少数公司外，大部分国有企业基本采取部分私有化方式实行改革，政府的持股比例仍然较高。❸

---

❶ 姜影：《法国国有企业管理体制改革的历程及成效》，《法学》2014 年第 6 期，第 70—71 页。

❷ 特伦斯·麦克唐纳：《爱尔兰国有企业私有化改革的经验教训——在"国有企业深化改革与规范治理国际学术研讨会"上的演讲》，张智远译，《马克思主义研究》2015 年第 2 期，第 144—148 页。

❸ 郭杰、沈子奕：《非洲私有化改革现状及影响》，《中国国情国力》2020 年第 3 期，第 56—57 页。

委内瑞拉先后进行过两轮混改，其导向各不相同。20 世纪
70 年代，美国在拉丁美洲推行新自由主义政策，委内瑞拉根据
世界银行的建议进行混改，主要是引入私企和跨国公司，目的是
将国企改造成按商业模式运行的企业，即主要追求商业利润而不
考虑其他社会政策目标，这种改革思路加剧了贫富分化。查韦斯
（Hugo Rafael Chávez Frías）执政后认识到，引入大量外企、私企
后，国企高管的薪酬过高，分配不公和特权腐败现象突出，很多
高管勾结外企、私企以窃取国有资产，甚至勾结美国有关组织进
行罢工等反对政府的活动。查韦斯政府出资对这些企业进行国有
化，并将其改造成由国家、社区、职工共同持股的新型混合所有
制企业，在这类企业中，国家持有的股份一般约占 51%，以确保
企业为社会、职工服务的大方向，社区、职工持有的集体合作股
份约占 49%，以保证民众、职工的充分参与。❶

各国国有企业的私有化改革经验给我国国企混改带来诸多启
示，比如立法保障，不同的国有企业采取不同的改革方式，降低
国有经济的比重，改变政府直接管理的宏观管理模式，等等，但
还需注意的是，作为特殊的经济组织形式，国有企业与其国家的
政治体制、经济发展模式、历史文化等密切相关，我国在吸收、
借鉴他国经验时还应结合具体实际，立足我国自身改革现状及发
展需求，制订一套具有中国特色的国企混改方案。

三、本书的主要内容

第一，竞争性国企混改法治化的理论依据。本书主要分析了
法治与改革的辩证关系，社会主义市场经济本质上是法治经济，
以及政策与法律双向增进的全面法治观 3 个理论依据。

---

❶ 杨斌：《委内瑞拉怎样进行混合所有制改革》，《红旗文稿》2014 年第 19 期，第 20 页。

第二，"混资本"与"改机制"的困境。本书主要梳理了"混资本"视角下整体上市、并购重组、认购可转债、员工持股等不同混合模式，民营资本、集体资本、外商资本等不同参混资本形态，以及决策审批、定价评估等不同资本混合程序的过程困境；以"改机制"项下内部治理机制（公司治理机制）为视角，主要梳理了混合所有制企业公司治理中控制权、决策权、经营权及监督权可能存在的运行困境，以"改机制"项下外部治理机制（国资监管体制）为视角，主要梳理了国有资产监管主体及国有资本投资公司、运营公司可能存在的运行困境。

第三，竞争性国企混改的法治化建议。本书结合梳理的相关困境，提出竞争性国企混改的法治化原则及法治化建议，应在贯彻现有政策文件精神的基础上，以行政法规形式出台"竞争性国企混改促进条例"，从"基干性"顶层设计角度统筹兼顾不同层级的规范性文件。同时，对《公司法》、《企业国有资产法》、《企业国有资产监督管理暂行条例》（以下简称《暂行条例》）以及《企业国有资产交易监督管理办法》（以下简称《管理办法》）提出了修订建议。

四、本书结构及创新点

（一）本书结构

第一章论述了竞争性国企混改的基础理论，对所有制、混合所有制、竞争性国企以及混合所有制改革加以概念阐释，从国内与国际两个视角分析了竞争性国企混改的必要性，讨论了竞争性国企混改法治化的理论依据。第二章从不同混合模式、不同参混资本形态以及不同资本混合程序分析了"混资本"的过程困境。

第三章、第四章分析了"改机制"下内部治理机制与外部治理机制的运行困境。第五章则针对前述困境进行分析，提出了竞争性国企混改法治化原则及相应的法治化建议。

（二）本书创新点

（1）从形式上看，本书以法学视角系统梳理和分析了竞争性国企混改"混资本"的过程困境与"改机制"的运行困境，弥补了竞争性国企混改法学角度的研究空白。

（2）从内容上看，本书结合竞争性国企混改的具体实际，针对性地分析了竞争性国企混改法治化的理论依据，并对混改的不同环节加以法治考量，在分析竞争性国企混改法治化原则的基础上，相应地提出了资本混合与内、外部治理机制的法治化建议。

（3）从结论上看，本书建议在贯彻现有政策文件精神的基础上，以行政法规形式出台"竞争性国企混改促进条例"，从"基干性"顶层设计角度统筹兼顾不同层级的规范性文件。同时，优化《公司法》，以监管职责和履行出资人职责分离为基础，修订《企业国有资产法》等国资监管法律法规，实现"资本"与"资产"的全面规范。

第一章 | 竞争性国企混改基础理论

第一节　竞争性国企混改相关概念阐释

一、所有制、所有权与产权

（一）所有制与所有权

所有制与所有权是学者在语言表达中惯用的一组概念，在英文里是同一个表达术语，即"ownership"，但在中文里，两者显然是不同的概念。所有制意指人们在不同社会形态中对生产资料的占有形式，也就是生产资料归谁所有，由此，一般又称为生产资料所有制。所有制在思想史上最初是以法权的形式被提出的，它在中文里被译作所有权。● 作为一种经济关系，所有制是指对生产资料占有、使用、收益和处分等一系列的经济权利和经济利益关系的总和，是生产有序开展的前提和基础，形式上是人对物的占有关系，实质上决定着生产过程中人与人的关系、分配关系、交换关系和消费关系，也当然影响甚至决定了整个社会制度的存在。

不同于所有制，所有权是典型的法学概念，如果说所有制是一种经济关系，那么所有权就是法律意义上的权利归属问题，是所有制的法学表现形式。最早在罗马法中，所有权就已经存在，

● 胡钧：《马克思主义的所有制、所有权理论与产权》，何秉孟主编：《产权理论与国企改革——兼评科斯产权理论》，社会科学文献出版社 2005 年版，第 188 页。

我国《民法典》第240条采用列举方式对所有权进行规定，即所有权人对自己的不动产或者动产，依法享有占有、使用、收益和处分的权利。与此对应，《德国民法典》第903条则采用了抽象的规定方式，即物之所有人，在不违反法律或不侵犯第三人权利的前提下，可以自由处分其物，并排除他人对物之一切干涉。虽然规定方式不一，但毋庸置疑的是，所有权人对其物有绝对支配力。然而，这种支配力在国有企业中难以实现，因为国有企业财产的所有权属于人民，而支配权属于国有企业本身，所有权与支配权是分离的，具体体现为剩余控制权与剩余索取权，剩余索取权归属于所有权人，而剩余控制权归属于所有权人授权的国有企业经营者。经营者并不仅仅关心收益，由此导致经营者可能会滥用手中的控制权，即出现"内部人控制"，最终导致企业经营效率低下、国有资产流失严重等问题，这也是探讨公司治理中激励机制构建的重要原因。

可以看出，所有制决定着所有权的归属，体现着社会物质关系，而所有权作为法学概念，带有强烈的意志关系，是所有制的形式。从性质上看，所有制属于经济基础的范畴，所有权则基于法律关系的属性归于上层建筑的范畴。同一个社会阶段可以有多种所有制并存，同一种所有制也可以有多种实现形式。还需注意的是，所有权与所有制并非必然的对应关系，正如韩松教授所说："所有权作为法律制度具有自己独立的法律属性，而非对所有制的简单复制。"❶

（二）产　权

随着新制度经济学传入中国，产权（property rights）日益引

---

❶ 韩松：《论物权平等保护原则与所有权类型化之关系》，《法商研究》2006年第6期，第13页。

起人们的重视，与所有制及所有权不同，它是一个经济学与法学的综合概念。从经济学上看，产权意为产权主体因其享有的财产权所具备的相关权能而产生的经济利益关系，属于经济基础范畴，当个人与个人、个人与组织、个人与国家之间的权属，以及个人与个人、个人与组织、个人与国家之间的利益发生冲突需要法律来界定时，产权的法律属性便开始发挥作用。❶关于产权的概念，学者众说纷纭，如阿贝尔（Richard Abel Musgrave）认为，产权应包括"所有权，即排除他人对所有物的控制权；使用权，即区别于管理和收益权的对所有物的享用和收益权；管理权，即决定怎样和由谁来使用所有权的权利；分享残余收益或承担负债的权利，即来自于对所有物的使用或管理所产生的收益和成本分享和分摊的权利；对资本的权利，即对所有物的转让使用、改造和毁坏的权利；安全的权利，即免于被剥夺的权利；转让权，即所有物遗赠他人或下一代的权利；重新获得的权利，即重新获得业已失去的资产的可能和制度保障；其他权利，包括不对其他权利和义务的履行加以约束的权利、禁止有害于使用权的权利"❷。此概念界定过于宽泛，将承担负债纳入产权概念不是很合适，从性质上看，产权是一种权利，而承担负债应是一种义务，此外，投资人作为股东，一般对外以出资额为限承担有限责任。菲吕博腾（E.G. Furnboth）等人认为："产权不是指人与物之间的关系，而是指由物的存在及关于它们的使用所引起的人们之间相互认可的行为关系。产权安排确定了每个人相应于物时的行为规范，每个人都必须遵守他与其他人之间的相互关系，或承担不遵守这种关

---

❶ 刘明越：《国企产权制度改革的逻辑与问题研究》，复旦大学 2013 年博士学位论文，第 41 页。

❷ 转引自刘伟、李风圣：《产权通论》，北京出版社 1998 年版，第 10—11 页。

系的成本。因此，对共同体中通行的产权制度可以描述的，它是一系列用来确定每个人相对于稀缺资源使用时的地位的经济和社会关系。"❶ 结合上述论断，并考量产权的英文表述，产权应该是一组权利，基本特征有以下几点：其一，不仅包含财产权利，还包括非财产权利；其二，非财产权利的来源是基于权利人特定的财产投入，这种权利具有控制权能，决策权是典型表现形式之一。对企业来说，随着共同治理理念的推行，产权人将其剩余控制权部分授予经营者，自己掌握着剩余索取权，这也是产权制度能够决定公司治理结构的根本原因，产权制度在两者之间能否进行最优化配置，将直接决定企业的经营效率。

前文已述，产权是由"rights"组成的，是一组权利，而当这些权利与物或资源等"property"联系起来时，构成财产利益性权利。所有权直接展现了所有制下特定的经济关系，解决了物的归属及利用问题，占有、使用、收益、处分是其基本权能，是基于经济关系产生的最根本、最基础的权利，在此基础上，产权天然地存在，甚至可以将它解释为基于所有权延伸的系列权利。对国有企业混合所有制改革而言，区分产权、所有制、所有权，具有强烈的现实意义。当前，国有企业混合所有制改革以产权改革为核心有序开展，可谓国有企业产权改革。倘若产权等同于所有权，那么国有企业混合所有制改革也就是把国有企业转变为非公有制企业，如此当然会遭到很多专家、学者反对。同时，公司治理的理念导向也会受此影响，单纯所有权理念下，公司治理奉行所有权人股东居于首位的导向，即"股东至上"，而产权制度改革背景下，公司治理奉行以股权为中心的利益相关各方的导向，即"利

---

❶ ［美］R.科斯等：《财产权利与制度变迁》，刘守英等译，上海三联书店、上海人民出版社1994年版，第204页。

益相关者导向"。产权制度是公司治理制度的基础，也决定了公司治理制度的框架。❶

二、混合所有制、股份制与股份合作制

（一）混合所有制

所有制是一个经济学概念，混合所有制也同样是经济学概念，但学者对其并没有统一的界定。大多数学者认为，混合所有制并非一个独立的概念，它是公有制与非公有制"混合"的结果，从宏观与微观两个层面对混合所有制作出概念界定：宏观层面，混合所有制是指所有制结构上的公有制与非公有制等多种所有制混合发展的格局；微观层面，则是指资本构成的多样化状态，即国有资本、集体资本、非公有资本等交叉持股、相互融合的状态。显而易见的是，混合所有制是从资本的角度谈起的，正如何自力教授认为的那样，混合所有制是指不同所有制成分在企业内部以资本为纽带结合而形成的所有制形态。❷

《发展混合所有制经济意见》明确了国有企业混合所有制改革的多种方式，即国有资本、集体资本、非公有资本等交叉持股、相互融合。从概念入手，并结合国有企业混合所有制改革的相关政策规定，新一轮国有企业改革应是微观层面的混合所有制改革。混合所有制的本质是利益相关者的资本管理，混合所有制改革是政府和其他形态资本的所有者将多种形态的资本进行融合，从而形成企业的自有资本，并重构企业所有权和治理结构的过程，每一个企业都可以通过混合所有制改革获得红利，进一步

---

❶ 王明亮：《中国国有企业治理制度研究》，湖南师范大学出版社 2008 年版，第 137—138 页。
❷ 何自力：《发展混合所有制经济要坚持社会主义方向》，《山东社会科学》2014 年第 11 期，第 23 页。

拓展企业绩效管理的空间。❶ 对公司治理来说，混合所有制改革能够切实实现生产要素市场化配置，实现完全、充分的竞争。当前，我国生产要素竞争与流动还处于不完全、不充分阶段，国有企业与非公有制企业具有不同的生产要素获取能力，国有企业在稀缺资源、金融资本获取方面及公共领域具有较强的竞争力，非公有制企业尤其是民营企业在激发企业活力、管理技术、治理公司等方面具有较强的优势。混合所有制将不同形态资本混合，国有资本不再一味控股，形成了符合市场经济导向的合理产权结构，在混合所有制企业内部，约束机制与激励机制并举，混合所有制企业能够利用"混合"之优势充分发展，这或许可以称为"社会主义与市场经济的完美结合"。

（二）股份制与股份合作制

与混合所有制之"混合状态"不同，股份制和股份合作制是两种不同的经济组织形式。股份制是指属于不同人所有的生产要素以入股方式集中起来，统一使用，合理经营，自负盈亏，按股分红的一种经济组织形式，其主要特征表现为生产要素的所有权与使用权分离，在保持所有权不变的前提下，把分散的使用权转化为集中的使用权。股份合作制，顾名思义，是吸收了股份制的一些做法，但以"合作"为基础的经济组织形式，其并非资本组织形式，而是劳动与资本的混合组织形式，其中资本构成了股份，股东一般是企业职工，职工既是出资者，又是劳动者，按资分配与按劳分配相结合，风险共担，自负盈亏。不同于合伙制的是，职工股东仅以所持股份为限对企业承担责任。

---

❶ 杜媛、孙莹、王苑琢：《混合所有制改革推动资本管理创新和营运资金管理发展——中国企业营运资金管理研究中心协同创新回顾及 2014 年论坛综述》，《会计研究》2015 年第 1 期，第 94 页。

可见，混合所有制、股份制、股份合作制并不相同，股份制、股份合作制只是混合所有制实现的组织形式之一，混合所有制不仅可以采取股份制、股份合作制，还可以采取合伙制等其他组织形式，但股份制是其主要组织形式，以股份制为主要形式的混合所有制经济也是社会主义市场经济的重要组成部分。

在国企改革历程中，随着对国外产权制度的了解，股份制也逐渐成为国企改革的形式之一，相较于放权让利、两权分离，股份制看似能够解决国企既存的效率低下、经营亏损、国资流失、活力不足等问题。各地国有企业纷纷尝试股份制改革，如1984年北京天桥百货商场改制为国有股占50%的股份制企业，上海飞乐电声总厂尝试通过公开发行股票的方式改制为股份制企业，等等。当然，这种形式随后也被国家政策所确认，1987年党的十三大报告指出：改革中出现的股份制形式，是社会主义企业财产的一种组织方式，可以继续试行。紧接着1997年党的十五大报告亦强调"股份制是现代企业的一种资本组织形式"，2003年党的十六届三中全会再次强调"大力发展国有资本、集体资本和非公有资本等参股的混合所有制经济，实现投资主体多元化，使股份制成为公有制的主要实现形式"。

三、竞争性国有企业与混合所有制改革

（一）竞争性国有企业

在我国，对竞争性国有企业之内涵及范围的理解，可谓仁者见仁，智者见智。丁国民、随亮田认为，根据功能定位，国有企业可以分为公益性国有企业和竞争性国有企业两类，公益性国有企业就是具备公益性功能的国有企业，竞争性国有企业就是不

具备公益性功能的国有企业。❶黎桦教授根据中共中央、国务院印发的《国有企业改革指导意见》认为，应按照商业类和公益类的基本分类方式设计国有企业改革方案，而商业类国有企业又进一步分为"主业处于充分竞争行业和领域的商业类国有企业"和"主业处于关系国家安全、国民经济命脉的重要行业和关键领域，主要承担重大专项任务的商业类国有企业"两类。❷

当然，也有人尝试对竞争性国有企业下定义，如孙晋教授从可竞争性角度认为，竞争性国有企业是指存在于竞争性领域并以平等竞争者身份与其他所有制企业开展竞争的国有企业。❸林星阳博士认为，竞争性国有企业是指完全或部分由国家投资建成的，基本上不存在市场进退障碍的，以平等身份与其他一般企业进行竞争的企业，这部分国企以追求利润为经营目的。他进一步归纳出这类主体所包含的三大特征：一是国有资产在该类企业资产中占一定比例，可能构成独资、控股及参股三种类型；二是该类企业以参与市场竞争为经营核心；三是该类企业与其他类型市场参与者有着平等的法律地位，平等经营、公平竞争、公开接受监管。❹唐杨博士及李光金教授认为，竞争性国有企业是指在竞争性领域承担延伸产业链、推动国民经济发展任务的企业，它是相对于具有公益性质的国有企业来说的。❺

❶ 丁国民、随亮田：《竞争性国有企业改革的法律路径》，《福建法学》2014年第2期，第80页。
❷ 黎桦：《〈民法总则〉法人类型体系的反思与改进——以国有企业分类改革为视角》，《社会科学》2019年第4期，第92页。
❸ 孙晋：《竞争性国企市场支配地位取得与滥用以及规制的特殊性》，《法学评论》2016年第1期，第49—50页。
❹ 林星阳：《竞争性国企及其纵向价格垄断立法模式探究》，《西南交通大学学报（社会科学版）》2020年第6期，第132页。
❺ 唐杨、李光金：《竞争性国有企业战略实证研究——以中石油为例》，《学术论坛》2014年第1期，第55页。

可见，众多学者在试图对竞争性国企下定义时，都注重与公益性国企进行区分，即竞争性国企具有竞争性，能平等参与市场竞争及公开接受监管，而非简单基于《国有企业改革指导意见》作出区分。根据《国有企业改革指导意见》，结合不同国有企业在经济社会发展中的作用、现状和发展需要，我国将国有企业划分为商业类和公益类，分类推进国有企业改革。其中，公益类如主业处于水电气热、公共交通、公共设施等提供公共产品和服务的行业和领域的国有企业；基于主业的不同，商业类进一步分为主业处于充分竞争行业和领域的商业类国有企业，以及主业处于关系国家安全、国民经济命脉的重要行业和关键领域，主要承担重大专项任务的商业类国有企业，处于自然垄断行业的商业类国有企业。此外，国资委、财政部、发展改革委联合印发的《关于国有企业功能界定与分类的指导意见》也明确规定："根据主营业务和核心业务范围，将国有企业界定为商业类和公益类。"由此，商业类也就同竞争性画上等号，这显然是不妥当的。正如孙晋教授认为的那样，商业类是从一般产业划分意义上来说的，与工业、农业等概念相并列，由此其将"主业处于充分竞争行业和领域的商业类国有企业"划分为竞争性国企，将"主业处于关系国家安全、国民经济命脉的重要行业和关键领域，主要承担重大专项任务的商业类国有企业"，以及"处于自然垄断行业的商业类国有企业"划分为公共性较强的公益类国企。❶

国家层面对国有企业的分类加以顶层设计，并不代表对国有企业的分类固化。各地方亦可针对特定情况在此分类标准基础上加以细化。如四川省《关于省属企业功能界定与分类监管的指导

❶ 孙晋：《竞争性国有企业改革路径法律研究——基于竞争中立原则的视角》，人民出版社 2020 年版，第 90 页。

意见（试行）》将省属企业总体界定为商业类，具体划分为功能
性企业和竞争性企业，其中，功能性企业细分为功能Ⅰ型、功能
Ⅱ型，竞争性企业细分为竞争Ⅰ型、竞争Ⅱ型；《烟台市市属国
有企业功能界定与分类方案》将市属国有企业分为商业类和公益
类，其中商业类进一步细分为竞争类和功能类；等等。

（二）混合所有制改革

作为新一轮国企改革的顶层设计，2015 年《国有企业改革
指导意见》按下了国企改革的启动键。2020 年 6 月 30 日通过的
《国企改革三年行动方案（2020—2022 年）》将国企改革进程具
体化、阶段化，更是推动了混合所有制改革的进程。从《发展混
合所有制经济意见》等相关政策可以看出，混合所有制改革是新
一轮国企改革的主要实现形式，是国企产权制度改革的延续。从
性质上看，根据我国《企业国有资产法》第 39 条之规定，混合
所有制改革应该属于"企业改制"，是新时代我国在以市场经济
为导向的国企改革中，将市场经济与公有制经济融合发展的实现
形式。

之所以提出混合所有制改革，即在于重启以产权制度为核心
的国企改革。从改革对象来看，涉及传统的国有资本控股甚至垄
断的行业，进而根据不同国企的情况分类分层有序推进改革；从
非公有资本来看，涉及个人资本、外商资本等，参与程度和持股
比例有所提高。2018 年，全国国有企业改革座谈会上提出了国
企改革的十六字方针，即"完善治理、强化激励、突出主业、提
高效率"，其中，完善治理是关键。混合所有制改革不仅强调形
式意义上的产权多元化、边界清晰，更强调实质意义上的权责明
确、公司内部的股权制衡实质有效，以解决国企长期以来存在的

股权结构失衡和国企委托链条过长所致的所有者缺位问题，同时，为杜绝内部人控制问题，还需要制度化设计员工激励措施。当然，在推进改革的过程中，还需吸取过往国企改革中国有资产流失的经验教训，设计合理的制度，用法治手段防止国有资产流失，并充分保障非公有资本的权益，确保"混"得顺利。此外，本轮国企改革在战略投资者选择上要求"业务协同"也是特色之一。

事实上，对国有企业分类监管并改革，有丰富的域外经验可供借鉴。综观全世界，国有企业分类一般有三类标准：其一，按照企业市场地位或者竞争程度分类，典型国家是法国、新加坡。法国将国有企业分为电力、铁路、航空、邮政、电信等垄断性国有企业和加工、建筑等竞争性国有企业；新加坡则将国有企业分为公用事业局、经济发展局等垄断性法定机构和淡马锡及其投资控股的子公司等竞争性政府联系公司。其二，按照利益属性及经营目标分类，典型国家如芬兰、瑞典、挪威、新西兰等。芬兰将国有企业分为电网、产业投资公司等承担特定任务的国有企业和商业性国有企业，商业性国有企业又可分为有战略利益的商业性国有企业和以投资者利益为主的纯粹商业性国有企业；挪威将国有企业分为机场公司、能源管理公司、国家电网、林业集团等实施特殊产业政策的国有企业，挪威邮政、国家电力、国家铁路、铁路服务公司等兼有商业性和其他特定目标的国有企业，国家石油、挪威电信、海德鲁等具有商业性但总部须在挪威的国有企业，以及北欧航空、国家摇滚乐博物馆等完全商业化的国有企业四类。其三，按照法律地位及持股比例分类，典型国家如美国、英国、韩国等。英国将国有企业分为地理信息公司等政府直接管理的国有企业，皇家邮政等具有独立法人地位的国有企业，以及浓缩和核电技术服务公司等公私合营的国有股份公司。❶综合来看，我国借鉴不同国家的分类方法，从大类上将国有企业分为商业类与公益类，基于竞争是否具有充分性与纯粹性，又将商业类进一步细化。

从规律上看，分类推进国企改革也符合矛盾具有特殊性、具体问题具体分析的哲学原理，而这也与不同国有企业的经营目标密切相关。充分竞争的商业类国有企业，以增强国有经济活力、放大国有资本功能、确保国有资产保值增值等为主要目标，而处于重要行业和关键领域的商业类及公益类国有企业，更多是以实现社会公益、保障民生、提供公共服务，通过混改促进公共资源配置市场化，增强国有企业活力为目标。针对不同类型的国有企业，采取不同的混改方式：其一，充分竞争的商业类国有企业，应稳妥推进改革，充分运用整体上市等方式，积极引入其他国有资本和各类非公有资本实现股权多元化，各方主体以资本为沟通纽带，构建制衡高效的混合所有制企业治理结构、运行机制，国有资本与非公有资本的出资人均以股东身份行权履职，混合所有制企业也成了真正的市场化主体。其二，主业处于关系国家安全、国民经济命脉的重要行业和关键领域，主要承担重大专项任务的商业类国有企业，应保持国有资本控股地位，支持非公有资本参股，加强分类依法监管，规范盈利模式。其三，公益类国有企业，应结合不同企业的业务特点注重引导，具体企业具体分析，鼓励非公有资本采取购买服务、特许经营、委托代理等方式参与国有企业经营，同时，政府在价格、服务、质量、安全等方面加强监督与管理。可见，充分竞争的商业类国企就是竞争性国企，它是本轮国企改革的关键，也是改革的重要突破口。

❶　张政军：《国有企业分类管理如何推进》，《经济日报》2013年5月3日，第13版。

第二节　竞争性国企混改必要性分析

一、国内："国民共进"导向下混合所有制的再出发

　　国企混改并非新事物，它是过往国企改革的延伸，是全面深化改革背景下党和国家对国企改革方向的新判断。我国的国有企业由来已久，改革开放前，国有企业更多是国家调配生产资料的附属物，企业自身并无经营自主权，不能独立生产、自负盈亏。改革开放后，党和国家的工作重心从阶级斗争转移到经济建设上，作为国民经济的主力，国有经济的改革与发展成为亟待解决的问题，相应地，国企改革也成为经济体制改革的重要组成部分。改革伊始，人们即对国有企业的发展问题进行思考，以明确改革的方向和目标。随着人们的认识逐步加深，国企改革也在以不同的方式有序开展着。基于国企经营效率低的粗浅认识，国家试图通过放权让利（1978）、利改税（1983、1984）、企业经营与职工利益挂钩等方式，扩大企业经营自主权，提高企业及职工的积极性。然而，这并未涉及产权，仅是下放了企业自主权。此后，国家认识到所有制问题，党的十二届三中全会（1984）明确实行有计划的商品经济，改革的核心是所有权与经营权分离，进而确立了实行经营承包责任制（1986）的改革思路，国企分配向个人过分倾斜，只强调企业活力，缺乏应有的约束，进而引发内

部人控制和短期行为等问题，导致国有资产严重流失。党的十三大（1987）指出，改革中出现的股份制形式是社会主义企业财产的一种组织方式。20世纪90年代后，邓小平的南方谈话进一步解放了人们的思想，人们也认识到国企改革中治理模式比简单的利益激励更为重要。随后，党的十四届三中全会（1993）首次提出"财产混合所有"一词，指出"随着产权的流动和重组，财产混合所有的经济单位越来越多，将会形成新的财产所有结构"，明确了建立现代企业制度是国企改革的方向，产权问题浮出水面。基于"抓大放小"的改革思路，兼并重组、主辅分离、债转股等一时成了国企改革的主要形式，但这些形式并未真正涉及产权问题，所以效果一般，加之受东南亚金融危机影响，国企普遍面临巨大的生存压力。党的十五大（1997）指出，"公有制经济不仅包括国有经济和集体经济，还包括混合所有制经济中的国有成分和集体成分"。党的十五届四中全会（1999）指出，国有大中型企业尤其是优势企业，宜实行股份制的，要通过规范上市、中外合资和企业互相参股等形式，改为股份制企业，发展混合所有制经济，但重要的企业实行国家控股。基于此，一大批中小型国企通过改组、联合、兼并等方式完成了产权转变，大型国企则通过混合参股进一步实现了投资主体多元化。进入21世纪，党的十六大（2002）明确，要深化国有企业改革，发展混合所有制经济。党的十六届三中全会（2003）进一步指出，大力发展国有资本、集体资本和非公有资本等参股的混合所有制经济。同年，国资委成立，依法履行国有企业出资人职责，维护所有者权益，并建立起管人、管事、管资产相结合的国有资产管理体制。此后，国企改革进入了以股份制为主要形式的现代产权制度改革新阶段，虽然在该阶段混合所有制经济得到发展，但仍存在政企不分、效率较低等问题。2004 年爆发的"郎顾之争"，其争议点在于国企改革何去何从，此后产权改革再次被搁置。党的十七大（2007）正式提出，以现代产权制度为基础发展混合所有制经济。2013 年，全面深化改革开启，国企混改再次被提起。

国企改革先后经历了放权让利、两权分离、经营承包责任制、股份制，一直试图寻找解决"所有者缺位""外部性""内部人控制"等问题的正确路径。毫无疑问，进一步推进产权改革，稳步推进国企混改才是新时代国企改革的突破口，而这也标志着国企改革进入了关键时期。国企改革一直伴有"国进民退"或"国退民进"的争论，笔者认同中国人民大学国企改革与发展研究中心首席政策专家李锦老师的观点，"无论是'国进民退'还是'国退民进'，都是把国企与民企对立起来，把二者看作利益对立的水火不相容者。实际上，国企民企之间不是'谁进谁退''此消彼长'，而是共同做大蛋糕，开辟'国民共进'的新局面"❶。事实上，纵观国企改革历程，其立足点一直是以国有企业为中心确定的改革政策，但国企改革从未以牺牲民营企业为手段或代价，相反，改革进程中国企一直在寻求与市场更好地融合，与民企更好地携手并进，因此，将一时的国有企业结构调整、改革中出现的国有资产流失现象理解成"国退"或"民进"是片面的，也是不负责任的。

国企混改经历了 3 个阶段，以横向联合为中心的形式混合阶段（1978—1986），以股份制为中心的产权混合阶段（1987—2012），目前步入以治理体系为中心的机制混合阶段（2013 至今）。❷ 在股权多元化的基础上，国有企业与非公有资

❶ 李锦：《"国民共进"才是国家之福》，《经济参考报》2018 年 5 月 28 日，第 A07 版。
❷ 柳学信、曹晓芳：《"国民共进"提速混合所有制改革》，《经济参考报》2020 年 9 月 14 日，第 A07 版。

本投资者之间的协同性将明显增强，国有企业将充分吸收非公有资本投资者的活力，新一轮国企改革将实现从资本形式混合到机制实质混合的转变。从改革范围来看，国企混改一改"抓大放小""靓女先嫁"的改革思路，而是基于全部国有企业全面铺开，打破过往针对非公有资本投资者的行业限制，从国有企业本身的行业方向、存在问题等方面出发，分类分层推进，宜独则独，宜控则控，宜参则参，具体问题具体分析。从改革深度来看，不再局限于形式上股权结构的简单混合，而意在在建立以产权制度为核心的现代企业制度的基础上，实现公司治理机制的全方位改革，以资本为抓手，从所有权到股权，从行政型管控到治理型管控，形成制衡高效的规范治理结构，实现政企分离。从主体保障来看，国企混改不再以国有企业为改革立足核心，而是在改革的同时更加注重非公有资本投资者的权益保护，更加强调国有资本与非公有资本的有机融合，改变了过往国有股一股独大的片面认识，基于国有企业的不同情况，合理释放公司治理话语权，同时从管企业向管资本转变，重构国资监管体制，充分尊重混合所有制企业法人财产权和独立的市场主体地位，深挖制度创新，实现国有企业与非公有资本投资者共赢。

二、国际：竞争中性原则的指引

竞争中性（Competitive Neutrality，又称"竞争中立"）原则最早于 2018 年出现在我国官方文件中，在 G30 国际银行业研讨会上，中国人民银行行长易纲就中国经济与贸易摩擦进行发言时提及："为解决中国经济中存在的结构性问题，我们将加快国内改革和对外开放，加强知识产权保护，并考虑以'竞争中性'原则对待国有企业。"❶此后，竞争中性原则在我国逐渐生根发芽，并频繁出现在领导人的系列讲话中。事实上，竞争中性原则在我国早已被学者们所研究，其精神也在此前的诸多政策中有所体现，如2013年《全面深化改革决定》即指出，国有企业必须适应市场化、国际化新形势，以公平参与竞争等为重点，进一步深化国有企业改革。2015年《国有企业改革指导意见》指出："国有企业改革要遵循市场经济规律和企业发展规律，坚持政企分开、政资分开、所有权与经营权分离，……"❷2019年政府工作报告在"深化重点领域改革，加快完善市场机制"部分明确："按照竞争中性原则，在要素获取、准入许可、经营运行、政府采购和招投标等方面，对各类所有制企业平等对待。"❸2020年11月20日，习近平主席在亚太经合组织（APEC）第二十七次领导人非正式会议中明确："中方欢迎区域全面经济伙伴关系协定完成签署，也将积极考虑加入全面与进步跨太平洋伙伴关系协定。"❹作为更高水平的贸易协定，《全面与进步跨太平洋伙伴关系协定》（CPTPP）旨在促进亚太地区贸易自由化，其完整保留了《跨太平洋伙伴关系协定》（TPP）中的"国有企业"相关条款，这在一定程度上

---

❶ 《易纲行长在2018年G30国际银行业研讨会的发言及答问》，中国人民银行网站，http://www.pbc.gov.cn/goutongjiaoliu/113456/113469/3643836/index.html，最后访问日期：2024年2月15日。

❷ 《中共中央、国务院关于深化国有企业改革的指导意见》，中央人民政府网站，https://www.gov.cn/zhengce/2015-09/13/content_2930440.htm?eqid=9c4038cb0004e664000000046465afa7，最后访问日期：2024年2月14日。

❸ 《政府工作报告》，中央人民政府网站，https://www.gov.cn/premier/2019-03/16/content_5374314.htm，最后访问日期：2024年2月15日。

❹ 《习近平在亚太经合组织第二十七次领导人非正式会议上的讲话（全文）》，中央人民政府网站，https://www.gov.cn/xinwen/2020-11/20/content_5563097.htm，最后访问日期：2024年8月14日。

彰显了我国秉持竞争中性原则开展国企改革的决心，也为新一轮国企改革确定了方向和目标。

"竞争中性"的概念最早源于澳大利亚，20 世纪 90 年代，澳大利亚在其《联邦竞争中立政策声明》中明确，"竞争中立是指公共部门的商业行为不得因其国家所有权的特殊性而享受私人部门不能享受的竞争优势"❶，并对竞争中立作出原则性规定。该声明指向了税收与信贷中立、监管中立、商业回报、市场化定价、交叉补贴禁止、财务分离及准入前竞争中立 7 个方面的指标，❷ 将竞争中立的适用范围归纳为"政府企业的商业活动"。"政府企业的商业活动"是指在如下 3 种情况下的经营活动：必须对商品或服务收费；必须实际存在或可能存在竞争者（国有或私营）；管理者在商品或服务的提供和定价中有一定的独立性。❸ 此后，经济合作与发展组织（OECD）通过发布竞争中性国际组织研究报告，指向了 8 个方面的指标，即规范国企运行模式、分账户核算、商业回报、透明补偿、税收中立、监管中立、债务与补贴中立、规范政府采购，❹ 将竞争中性概念扩展到更广泛的领域，强调整个市场环境的中立性。❺ 美国则通过双多边（区域）经贸协定方式确定竞争中性原则在国家间的适用（而美国国内政策并未确定明确框架），协定单列一章命名为"国有企业和指定垄断企业"，主要阐述国有企业的范围认定、非歧视待遇和商业考虑、

---

❶　杨静：《竞争中立规则：国企"走出去"面临的挑战》，《光明日报》2015 年 4 月 19 日，第 7 版。

❷　转引自孙晋：《竞争性国有企业改革路径法律研究——基于竞争中立原则的视角》，人民出版社 2020 年版，第 93 页。

❸　鲁桐：《竞争中立：政策应用及启示》，《国际经济评论》2019 年第 5 期，第 102 页。

❹　转引自孙晋：《竞争性国有企业改革路径法律研究——基于竞争中立原则的视角》，人民出版社 2020 年版，第 93 页。

❺　鲁桐：《竞争中立：政策应用及启示》，《国际经济评论》2019 年第 5 期，第 102 页。

非商业性支持、透明度以及例外规定等内容。❶可见，竞争中性原则逐渐由国内规则向国际多边规则演进，意味着政府采取的所有行动对国有企业与非国有企业来说都应该是中性的，公平竞争是该原则的核心，它强调国有企业与非国有企业应适用相同的市场规则，公平取得要素获取的机会，力求受到公正的监管。

改革开放的 40 余年，是我国经济体制逐渐市场化的过程，是民营经济逐渐取得市场经济一席之地的过程，也是国有企业不断改革接近市场，试图成为独立市场经济主体的过程。国企改革是经济体制改革的关键和重点，新一轮国企混改尤其是竞争性国企混改也自然成为竞争中性原则在我国适用的应然之义：第一，从国际上看，我国对加入《全面与进步跨太平洋伙伴关系协定》的积极表态，彰显了我国积极对接多边经贸规则的态度，作为《全面与进步跨太平洋伙伴关系协定》的重要内容，竞争中性原则在全球已被 40 多个国家通过签订双边或多边协定的方式适用，不同所有制企业参与自由贸易已成为全球共识，未来国有企业要想更好地参与国际竞争，就必须对自身加以"革命"。国企改革虽历经 40 余年，但并未真正实现政企分离，国有企业在融资、准入、补贴等方面仍然享有民营企业不可比拟的优势，新一轮国企混改通过引入非公有资本，在方向、范围乃至深度上都不同于以往的改革。第二，国企改革背景下竞争性国企这一类别的出现与竞争中性原则的主体适用要求相吻合，从适用范围及例外来看，竞争中性原则虽经澳大利亚、经济合作与发展组织乃至美国的发展，但均先界定企业业务活动的商业性与非商业性，之后将商业性活动纳入适用范围，而豁免为完成一国特定公益目标的

---

❶ 巴曙松：《竞争中性原则的形成及其在中国的实施》，《当代金融研究》2019 年第 4 期，第 2 页。

非商业性活动。❶ 在我国国企混改分类推进的背景下，竞争中性原则毫无疑问适用于商业类国有企业中的竞争性国企，而公益类国有企业与商业类国有企业中公共性较强的国企应在竞争中性原则的豁免范围内。第三，竞争中性原则拟实现的消除所有制歧视目标促使国企混改以市场化为导向开展，无论是澳大利亚的国内规则还是后来的多边规则，都以市场化为导向，竞争中性原则试图通过促进国有企业与非国有企业公平竞争，实现真正的市场。反观我国，资本歧视、政府补贴、资源获取等垄断优势地位问题依然存在，作为国有企业与市场试图无限接近的延续性改革，混改以产权改革为核心，拟通过非公有资本参与国企改革的方式，推动国有企业建立现代企业制度，实现国有企业独立市场主体地位。第四，竞争中性原则"规范国企运行模式"等指标倒逼国有企业规范市场化独立运行，使其组织结构合理化，竞争性国企的混改过程与该等指标完整契合，竞争性国企混改通过引入外部投资者等方式，将不同所有制资本加以混合，进而通过公司化形式进行机制改革，试图缩短委托链条实现所有者在位，加强经营者激励以解决内部人控制问题，更好地规范了国企运行模式，减少国家干预，实现政企分离，从公司法层面真正实现对市场主体的公平监管。

当然，作为国企混改的重要模式之一，政府与社会资本合作在新一轮国企改革中极其重要，很有可能成为混改推进的重要突破口，而在混改法治化要求下，政府与社会资本合作中的权责利分配尤其需要制度化设计，这也与竞争中性原则要求的规范政府采购相吻合。此外，国资监管体制从管人、管事、管资产向以管

---

❶ 和军、张依：《基于"竞争中性"原则的国有企业分类改革》，《广东社会科学》2020 年第 5 期，第 24 页。

资本为主转变，将进一步规范国企运行模式，贴近竞争中性原则所要求的"商业回报"指标。

第三节　竞争性国企混改法治化的理论依据

一、法治与改革的辩证关系

习近平总书记一贯高度重视法治的作用，更是多次提及运用法治思维和法治方式深化改革、推动发展。在 2020 年秋季学期中央党校（国家行政学院）中青年干部培训班开班式上，习近平总书记指出："要自觉运用法治思维和法治方式深化改革、推动发展、化解矛盾，维护社会公平正义。"❶ 之后，2020 年《求是》第 22 期发表了习近平总书记的重要文章《推进全面依法治国，发挥法治在国家治理体系和治理能力现代化中的积极作用》，文中再次强调："我国社会主义法治凝聚着我们党治国理政的理论成果和实践经验，是制度之治最基本最稳定最可靠的保障。……更好发挥法治对改革发展稳定的引领、规范、保障作用。"❷ 习近平总书记围绕法治与改革、法治与发展的关系发表了一系列重要讲话，深刻阐述了法治与改革、法治与发展的关系，充分体现我们

---

❶ 《习近平在中央党校（国家行政学院）中青年干部培训班开班式上发表重要讲话》，中央人民政府网站，https://www.gov.cn/xinwen/2020-10/10/content_5550258.htm，最后访问日期：2024 年 2 月 6 日。

❷ 习近平：《推进全面依法治国，发挥法治在国家治理体系和治理能力现代化中的积极作用》，《求是》2020 年第 22 期，第 10 页。

党运用法治思维和法治方式深化改革、推动发展的重要思想。❶

"任何一个国家都必须有一个统一的秩序。在法治国家,这一统一的秩序只能以作为国家根本法的宪法为基础而形成,即宪法秩序。一国之内的任何秩序都是统一宪法秩序的组成部分。"❷ 提及法治与改革的关系,首先需要厘清改革与宪法的关系。宪法是我国的根本法,具有最高的法律效力。在我国的改革进程中,有些举措不可避免地触及宪法或法律的红线,郝铁川教授曾提出"良性违宪"的概念,即国家机关的一些举措虽然违背当时宪法的个别条文,但有利于发展社会生产力,有利于维护国家和民族的根本利益,是有利于社会的行为。❸ 当然,对此也有人认为,不论是"良性违宪"还是"恶性违宪",都会危害人民根本的、长远的和全局的利益,都是对法治的严重破坏。文正邦教授则辩证地看待二者的关系,笔者特别赞同,他认为:"'良性违宪'的概念及其争论和讨论,是中国改革开放的产物和伴随,'良性违宪'的事例和案例,也是在中国改革开放的进程中突显出来的,是改革的创新性、与时俱进性与宪法和法律规范的稳定性及滞后性的矛盾和冲突的反映,不论是叫做'违宪'或是叫做'合宪',但这些矛盾和冲突是客观存在并会在改革开放过程中经常发生的","也正因为改革是社会主义社会自我发展、自我完善的基本方式和主要途径,改革就最需要法律和宪法保障,最需要用法治的思维和法治的方式来正确认识和妥善处理改革发生、发展、结果的整个过程中的各种问题。而且改革必然会触动既得利

---

❶ 张文显:《习近平法治思想研究(中)——习近平法治思想的一般理论》,《法制与社会发展》2016 年第 3 期,第 30 页。

❷ 胡锦光:《宪法是根本宪制基础——纪念中华人民共和国澳门特别行政区基本法实施 20 周年研讨会发言摘编》,中国人大网,http://www.npc.gov.cn/c2/c30834/201912/t20191206_303056.html,最后访问日期:2020 年 12 月 6 日。

❸ 郝铁川:《论良性违宪》,《法学研究》1996 年第 4 期,第 90 页。

益，……就必然要突破某些条条款款和规则；而社会的自我调节机制又会通过宪法和法律的解释和修改来容纳这些突破，使之成为法制发展和社会进步的成分；之后又是新的一轮突破和容纳，如此循环往复，不断地推进法制发展和社会进步"。❶ 其实，宪法及法律与改革的动态关系恰恰是法治的价值体现。法治为改革排除干扰及阻力，引领、规范和保障改革的顺利开展，改革的成果反之又以法律确认的形式推动法治的完善。

具体到竞争性国企混改，事实上，鉴于国有企业这一混改核心主体的身份特殊性，这一进程中一直伴有国企混改是否与我国宪法相抵触的争论。宪法规定，我国社会主义经济制度的基础是生产资料的社会主义公有制，国有经济是国民经济中的主导力量。有人曾提出宪法对控制权的要求是国企混改的"天花板"，那么国企混改中引入非公有资本是否会导致社会主义公有制被压缩，影响公有制的主导力呢？答案是不会，国企混改不仅不违反宪法，而且还具有深厚的宪法基础。首先，从宏观上看，混合所有制经济是我国基本经济制度的重要实现形式。前文已述，我国宪法先后通过修正案的形式确认了个体经济、私营经济等非公有制经济的发展地位，明确非公有制经济是社会主义市场经济的重要组成部分，并合法地受到国家保护，这也为国企混改的开展提供了根本法依据，有力地反驳了国企混改与宪法相悖的说法。其次，"构成公有制基础的所谓国有经济的主体地位，不仅体现在国有企业的重要性方面，还体现在《宪法》直接将某些重要的经济资源、生产资料直接归属于国家所有，从而夯实国家的经济地位。……在客体标准方面，要明确所谓'主导力量'的含义。……在有关国有企业及国有资本改革的法律文件中，所谓

---

❶　文正邦：《宪法与改革的重要关系论析》，《时代法学》2016年第4期，第14—15页。

'主导力量'的标准也存在一些变化"❶。国企混改引入非公有资本投资者，并不会必然导致"主导力"丧失，反之还会有很多实现方式，况且竞争性国企在市场化改革导向下，亦不必然需要绝对的控制力。国有经济的控制力与主导作用主要体现在对国民经济发展方向的引导上，国家从国有经济的引导功能、服务功能与调节功能出发，结合经济发展现实情况实施混合所有制改革，将成为国家、经济组织、个人三者利益有机结合的有效经济形式。❷混合所有制下的国有经济，绝不仅仅是在生产资料的归属上占据主导地位，还要在分配、交换等领域发挥主导作用。❸国企混改中，国有资本、集体资本、非公有资本等交叉持股、相互融合，也是国有经济发挥控制力与主导力的重要表现形式。

　　全面深化改革中，法治具有凝聚改革共识，引领改革进程，规范改革行为，确认、巩固和扩大改革成果的作用。❹作为治国理政的基本方式，法治强调规则与制度化治理，具有行为规范、确认与保障作用。国企混改以资本混合促机制改革，牵涉多重环节及复杂利益关系，也取得了不少成果，例如国资监管体制从管人、管事、管资产转变为以管资本为主等，欲将这些在此后的改革中加以推行适用，则需要法治的确认与维护。竞争性国企混改涉及多重主体的利益，需要国有企业管理人员积极发动，非公有资本投资者积极参与，以及拟混改国有企业领导干部与职工有序配合。鉴于传统国有企业政企难分的状况，一味地推进政策将难

❶　蒋大兴：《合宪视角下混合所有制的法律途径》，《法学》2015 年第 5 期，第 43—44 页。
❷　王子林：《混合所有制改革视阈下的国有经济控制力研究》，《当代经济研究》2017 年第 5 期，第 33 页。
❸　王子林：《混合所有制改革视阈下的国有经济控制力研究》，《当代经济研究》2017 年第 5 期，第 34 页。
❹　王乐泉：《论改革与法治的关系》，《中国法学》2014 年第 6 期，第 20—21 页。

以使这些主体达到良好的心理预期，兼具稳定性与权威性的法律无疑是进一步推进竞争性国企混改的有力制度工具。放眼全球，法治的有力保障也是诸多国家推行国企混改的成功经验，值得我国学习与借鉴。在一些资本主义国家，也有一些国有企业经过股权结构改革成了混合所有制现代企业，这些企业既有德国大众、法国雷诺等制造业企业，也有法国电力、日本铁路等公用事业和基础设施企业，它们之所以能够长期稳定存在并且有着良好的市场表现和全球竞争力，关键就在于有成熟可靠的法治体系作为保障，这样才能引入令人信任的投票表决机制、法律责任机制、诉讼机制等，才能有真实的协商机制，让董事会、股东会真正发挥作用。❶日本在进行国企改革之前，均制定、出台相应法律，为企业改革措施的落实提供法律依据和保障。这些立法包括涉及国有铁道改革的《日本国有铁道改革法》，涉及电信电话公社改革的《日本电信电话股份公司法》《电气通信事业法》等，通过相应立法，确保国企改革在法律的规范下有序推进。❷

当然，在竞争性国企混改中发挥法治之力，也是法治自我完善与改革的良好契机。在深入推进法治改革的过程中，必须正确处理法治与改革的辩证关系，坚持重大改革于法有据：需要修改法律的可以先修改法律，先立后破、有序进行；需要得到法律授权的，要按照法律程序进行；改革措施与现行法律有冲突，或者需要通过立法加以规范的，可以先行组织研究论证，待法律修改后再推进；对于现行法律规定完善且具有可操作性，但实践中没有遵循法律规定的，必须严格按照法律规定予以纠正；对于不需要修改法律，属于内部工作机制改革的，应当大胆探索、积极推进。❶ 竞争性国企混改对诸多行为规范提出了挑战，比如竞争规范、证券规范、员工持股规范、外商资本监管规范等，这些规范亦应以此为契机加以"自我"反思，结合混改相关政策旨意，充分吸取混改实践中的有益经验，实现自我改革与完善。

二、社会主义市场经济本质上是法治经济

梳理四十几年来的国企改革历程，我们发现，国企改革在社会发展的不同阶段有其特定的动机。改革之初，我国计划经济开始向有计划的商品经济转变，1982 年第五届全国人大第五次会议通过的《宪法》明确规定："在法律规定范围内的城乡劳动者个体经济，是社会主义公有制经济的补充。"1988 年第七届全国人大第一次会议通过的《宪法修正案》进一步明确规定："国家允许私营经济在法律规定的范围内存在和发展。私营经济是社会主义公有制经济的补充。"此时，国企改革试图逐渐接触市场，基本方式是放权让利、利改税、两权分离等。1993 年，党的十四届三中全会审议通过《中共中央关于建立社会主义市场经济体制若干问题的决定》，此后我国经济体制改革开始朝着建立社会主义市场经济体制的目标推进，国企陆续进行制度革新，现代企业制度改革逐渐开展，其间"郎顾之争"的爆发使国企改革进程有所减缓。2013 年，党的十八届三中全会全面深化改革开启，试图将混合所有制改革深入推进。可见，一直在寻找市场，并力争与市场更好地结合是国有企业改革的基本动机。作为新一轮国企改革的顶层设计，《国有企业改革指导意见》再次明确："坚持社会主义市场

---

❶ 公丕祥：《习近平法治思想中的改革论述》，《东方法学》2021 年第 2 期，第 15 页。

经济改革方向。这是深化国有企业改革必须遵循的基本规律。"❶ 竞争性国企混改想要达到的目的是增强国有企业活力，促进市场构成要素平等顺畅流动，在遵循竞争中性原则的基础上，实现国有资产保值增值。竞争性国企混改的方向应是市场经济，也是法治经济。

"社会主义市场经济本质上是法治经济"，这是习近平法治思想中关于法治经济建设的核心观点。❷ 法治经济是指国家通过制定法律、法规，调整经济关系，规范经济行为，指导经济运行，维护经济秩序，使整个经济逐步按照法律预定的方式快速、健康、持续、有序地发展。法治经济致力于构建法治的经济环境，即产权清晰平等、契约自由平等、市场统一有效、竞争公平有序、监管及时有度。这主要表现为，一方面，市场经济的运行需要法律规范，饱含竞争与契约自由的市场经济，在发展过程中势必存在各种不良问题，比如不正当竞争、市场垄断等，亟须法律加以规制，加强产权保护与市场监管法治建设，尤其是公有制经济财产权与非公有制经济财产权的平等保护。"正因为公有财产神圣不可侵犯成为《宪法》中的'帝王条款'，其他法律法规就极易对公有财产与私有财产及其权利的保护作出区别性对待。……认真清理和废除现行法律法规中有关公有财产私有财产间的不平等待遇条款，为各种所有制经济依法平等使用生产要素、公开公平公正参与市场竞争创造充分和必要的条件。"❸ 另一

---

❶ 《中共中央、国务院关于深化国有企业改革的指导意见》，中央人民政府网站，https://www.gov.cn/zhengce/2015-09/13/content_2930440.htm?eqid=9c4038cb0004e664000000046465afa7，最后访问日期：2024 年 2 月 14 日。

❷ 张文显：《习近平法治思想研究（下）——习近平全面依法治国的核心观点》，《法制与社会发展》2016 年第 4 期，第 21 页。

❸ 顾功耘：《论国资国企深化改革的政策目标与法治走向》，《政治与法律》2014 年第 11 期，第 81—82 页。

方面，社会主义市场经济的发展从商品经济、产品经济、服务经济到如今方兴未艾的体验经济，每一发展阶段都影响或推动了法律体系的变革。❶脱离实际社会关系的法律是没有存在价值的，每一种具体经济形态都蕴含着多重利益关系，作为以调整社会关系和维护社会秩序为目的的行为规范体系，在对这些关系加以梳理并化解冲突的同时，也在逐渐地结合相应的经济关系内容进行自我调整与适应，以增强规范与保障功能的发挥。

《全面深化改革决定》明确国有资本、集体资本、非公有资本等交叉持股、相互融合的混合所有制经济，是基本经济制度的重要实现形式。混合所有制经济的发展关乎基本经济制度的生机与活力，依法而治、顺势而为，才是最为根本的认识论、方法论。❷从前提来看，市场经济法治化要求下公平的市场准入机制，产权平等、同股同权所形成的充分话语权与决策权，畅通的法治行权程序，稳定的参与预期，契约保障下的转让与退出自由都将增强非公有资本投资者参与竞争性国企混改的意愿和决心，国有资产合理适法的市场定价评估，以及交易中的有效监管也是国有企业积极推进混改的关键所在。从目的来看，竞争性国企混改也恰恰与法治经济所强调的市场主体活力、契约自由、竞争公平有序、政府与市场关系的正确处理相契合。"深化国有企业混合所有制改革。这是激发国有企业活力的重要途径"❸，可以预见的是，全面铺开的竞争性国企混改必将进一步激发国有企业这一重要市场主体的活力，通过构建从管人、管事、管资产向以管资本

---

❶ 李天勇：《社会主义市场经济必然是法治经济》，《经济参考报》2020年12月15日，第A07版。

❷ 周人杰：《在法治轨道上推进混合所有制经济发展》，《人民日报》2014年9月3日，第7版。

❸ 郝鹏：《激发各类市场主体活力》，《人民日报》2020年12月18日，第9版。

为主转变的国资监管体制，改组组建国有资本投资公司、运营公司，处理好政府与市场的关系，实现竞争中性原则指引下的公平竞争。与此同时，国有企业与非公有资本投资者在混合过程中进行了充分的协商与磨合，国有企业对非公有资本投资者的投资及治理意愿展现出应有的尊重，达到了市场经济所要求的契约自由与竞争公平有序，而这体现出天然蕴含自由、平等、秩序等基本价值的法治与具有活力的市场经济完美地结合。

三、政策与法律双向增进的全面法治观

政策与法律现象的复杂性及政策与法律关系的多样性说明，不能笼统地将政策与法律的关系表述为"法律为主、政策为辅"，在全面法治观下，政策与法律相辅相成、相得益彰。肖金明教授在论述政策与法律的关系时，提出了全面法治观，并以此为指引重识与重构了政策与法律的关系。[1] 源自政治系统与法律系统的两种基本工具[2]，各有各的调整方式和适用范围，二者的作用是互补的[3]。政策与法律都无法做到完全的自给自足，政策在完善自身的同时也为法律提供了经验，法律在改进自身的同时也为政策提供了参考，二者相对独立、优势互补，共同构成了一个完整的社会规范体系。[4]

从制度工具层面来看，当前竞争性国企混改还是以政策为主要推进形式，尚存在诸多的规范与监管空间，法治供给明显不

[1] 肖金明：《为全面法治重构政策与法律关系》，《中国行政管理》2013年第5期，第38页。
[2] 郭武、刘聪聪：《在环境政策与环境法律之间——反思中国环境保护的制度工具》，《兰州大学学报（社会科学版）》2016年第2期，第134页。
[3] 张文显：《习近平法治思想研究（中）——习近平法治思想的一般理论》，《法制与社会发展》2016年第3期，第21页。
[4] 李龙、李慧敏：《政策与法律的互补谐变关系探析》，《理论与改革》2017年第1期，第55页。

足，难以实现全面法治。相较法治，政策推进具有短期性与波动性，权威性也相对不够，非公有资本投资者难以据此作出合理预期，终将不利于竞争性国企混改的持续有序推进。"2005 年国务院发布'非公经济 36 条'，而在 2006 年国资委却发布国有企业要在电网、电力、石油石化、电信、煤炭等七大行业保持绝对控制，在装备制造、汽车、电子、建筑、钢铁、科技等九大产业保持较强控股；2010 年国务院发布民间投资'新 36 条'，但是其政策并没有落到实处，一些行业的垄断还进一步的加强；一段时期，社会上关于'国进民退'和'民进国退'的争论此起彼伏，民营企业对政策没有稳定的预期，缺乏安全感。"❶"宪法和法律是由国家制定的、并依靠国家强制力作为终极力量保证实施的，它能够克服政策等治理制度体系的局限性，确保制度体系运行的效能。"❷ 但这并非意味着现有的竞争性国企混改政策毫无益处，作为独立于法律的制度工具，政策的灵活性使其具有较高的治理效率和较强的针对性，唯有将政策与法律有机结合、相互渗透，才能为竞争性国企混改提供充足的制度供给，丰富竞争性国企混改的法治化内涵，推动竞争性国企混改有序深入。为此，当前应秉持全面法治观，系统梳理并区分法律与政策在竞争性国企混改过程中所调整的不同社会关系，充分贯彻成熟的政策精神，但也要注意，法治并非政策的升级版，政策也不是法治的初始化，应当兼顾政策规范本身及其在竞争性国企混改实践中的具体适用经验以填补法治漏洞，真正实现竞争性国企混改法治化。

---

❶ 大成企业研究院课题组：《民营企业参与混合所有制经济改革的方式路径案例分析》，《经济研究参考》2015 年第 25 期，第 20 页。

❷ 张文显：《法治与国家治理现代化》，《中国法学》2014 年第 4 期，第 14—15 页。

第二章 | "混资本"的过程困境

第一节　不同混合模式

一、并购重组：警惕"经营者集中"限度

并购重组具有广狭二义：狭义的并购重组仅限于公司并购，包括公司合并与公司收购；广义的并购重组泛指公司之间、股东与公司之间、股东之间依据私法自治原则，为实现公司资源的合理流动与优化配置而实施的各种商事行为。❶中国既有国有企业，也有民营企业，所以在中国并购往往发生于国企和民企当中，"中国式并购"是我们的一大特点。❷《发展混合所有制经济意见》明确，并购重组是国有企业集团公司层面推进混改的重要方式。此后的《三年行动方案》再次提出国企和民企要相互配合，推进兼并重组和战略性组合，积极稳妥开展混合所有制改革。中国建材集团有限公司重组联合了上千家民营企业，积极探索混合所有制的企业模式，坚持"央企的实力＋民企的活力＝企业的竞争力"，堪称混改经典之作，但值得注意的是，水泥行业的集中度在重组后由过去的 6% 提高到了 70%。同为竞争性国企，中国医药集团有限公司混合了 600 多家企业，建立了覆盖全国 290 个

---

❶ 刘俊海：《公司法学》，北京大学出版社 2020 年版，第 323 页。
❷ 宋志平：《混改与并购》，澎湃新闻，https://www.thepaper.cn/newsDetail_forward_9996991，最后访问日期：2020 年 12 月 31 日。

地级市的医药分销网。❶ 无疑，并购重组是国企混改的重要方式，但程度如此之高的经营者集中势必会引发这样的担心：并购重组是否会形成垄断，进而排除、限制市场公平竞争？置于竞争性领域，这种可能性会更高，竞争性国企混改更应注意。当然，从严格意义上讲，《反垄断法》对经营者集中的规制更多是考量企业集中经营对市场公平竞争带来的负面影响，而并购重组往往是资本基于战略目的整合的结果，体现的是控制权变更，但其"集中"的本质还是一样的。

首先，从法定审查对象来看，无论是国有企业还是普通企业，抑或外商投资企业，在并购时均需严格依法进行经营者集中申报。我国《反垄断法》第四章共 14 条，具体规定了经营者集中申报、审查等内容，《上市公司收购管理办法》也明确规定了上市公司的收购及相关股份权益变动活动的限度。关于经营者集中，我国采取的是事前强制申报制，即经营者集中达到国务院规定的申报标准的，经营者应当事先向国务院反垄断执法机构申报，未申报的不得实施集中。虽然《反垄断法》第 8 条明确规定，国有经济占控制地位的关系国民经济命脉和国家安全的行业以及依法实行专营专卖的行业，国家对其经营者的合法经营活动予以保护，但也并未将这些经营活动置于法律规制之外，从国有企业分类来看，竞争性国企更不在此范围之内。

其次，从审查标准（无论是营业数额还是控制权标准）来看，当前的混改实践亦应在审查范围内。《国务院关于经营者集中申报标准的规定》第 3 条以参与集中的所有经营者上一会计年度在全球范围内或中国境内的营业额为标准，设定了相应档位，

❶ 宋志平：《混改与并购》，澎湃新闻，https://www.thepaper.cn/newsDetail_forward_9996991，最后访问日期：2020 年 12 月 31 日。

只要经营者集中达到一定标准，经营者就应当事先向国务院反垄断执法机构申报，未申报的不得实施集中。比如，参与集中的所有经营者上一会计年度在全球范围内的营业额合计超过 120 亿元人民币，并且其中至少两个经营者上一会计年度在中国境内的营业额均超过 8 亿元人民币的，经营者应当事先向国务院反垄断执法机构申报。当然，该规定本身过于机械、笼统，仅靠营业额多少来判断特定的经营者集中是否排除或限制了市场公平竞争是有难度的，况且基于不同的市场，其有效竞争标准也是不一样的。关于经营者集中所指的控制权，《关于经营者集中申报的指导意见》第 3 条进行了细化解释，明确判断经营者是否通过交易取得对其他经营者的控制权或者能够对其他经营者施加决定性影响，取决于大量法律和事实因素，集中协议和其他经营者的章程是重要判断依据，但不是唯一的依据，通常还需要考虑交易的目的和未来的计划，交易前后其他经营者的股权结构及其变化，其他经营者董事会或监事会的组成及其表决机制，其他经营者股东、董事之间的关系，是否存在委托行使投票权、一致行动人，等等。

2020 年 10 月 12 日，国务院新闻办公室举行国务院政策例行吹风会，介绍了《三年行动方案》的主要内容，并回答记者提问，其中国务院国有资产监督管理委员会副主任翁杰明表示，国资委从来没有在国有企业和民营企业的兼并重组和专业化整合方面设置界限。国资委理所当然支持国有企业和民营企业兼并重组，也同样支持中央企业和中央企业之间兼并重组，支持中央企业和地方国有企业兼并重组。那么在正在进行的国企混改尤其是竞争性国企混改中，如何把握国有经营者与非国有经营者的混合程度，以不超过《反垄断法》规定的经营者集中限度，是我们不得不考虑的问题，否则，全面铺开的国企混改将有极大可能产生排除或限制市场公平竞争的恶果。与此同时，一旦达到国务院规定的申报标准，如何申报以及由哪个机构来进行申报也需要明确。基于对竞争中性原则的考量，《关于外国投资者并购境内企业的规定》对外国投资者并购境内企业的限度作出规定，那么国企混改实践也应借鉴，以实现并购重组监管公平，达到"反垄断中立"。

二、整体上市：或再次产生内部人控制问题

随着国企改革进程的进一步加速，资产证券化成为集团公司层面国企混改的重要实现形式。根据公司上市资产及业务类型，上市方式可以分为整体上市和分拆上市：整体上市是指一家公司将其主要资产和业务整体改制为股份公司进行上市的行为，因此也可以称之为核心资产上市；分拆上市则指一家公司将其部分资产、业务或某个子公司改制为股份公司进行上市的行为。竞争性国企混改中，可对中央企业集团整体进行股份制改造，使其符合上市公司发行新股的要求，也可让中央企业集团吸收合并下属已上市公司，最终实现整体上市。通过整体上市引入非公有资本投资者，进而使股权流动性大大增强，达到了竞争性国企混改意在实现的股权结构优化、公司治理机制完善以及国有企业投资经营市场化的目标。相较于垄断性企业需要将核心业务剥离后整体上市，竞争性国企可率先实现集团整体上市。

前文已述，国企混改意在通过引入非公有资本投资者，解决委托链条过长、所有者缺位及内部人控制等问题，该目的真正实现的关键在于，引进的非公有资本投资者能够真实地以所有者身份参与公司治理，形成股东彼此之间、股东与经营者彼此之间的有效制衡。固然，整体上市可以实现股权多元化，但其能否真正实现混改目标，完成新一轮国企改革的任务，还有待商榷。刘俊

海教授曾提到两种内部人控制现象,一种是股权过于集中的"狐假虎威"式内部人控制,另一种是股权过于分散的"山中无老虎,猴子称大王"式内部人控制。❶ 在通过整体上市方式开展的竞争性国企混改中,这两种内部人控制现象都有可能存在,整体上市后,外部投资者较多且过于分散,如此,或国有股一股独大的局面难以改变,鉴于国有企业所有者缺位的客观现状及剩余权利分配不合理的现实,企业内部仍可能会形成内部人控制;或彻底分散,无较大股东,所有者缺位问题进一步加剧,内部经营者道德风险暴露,形成另一种内部人控制。

三、认购可转债:法法衔接需要完善

发行可转债是深化国企混改和实现股权结构多元化的重要方式,认购可转债是民营资本参与国企混改的重要模式。纵览国企混改实践,通过市场化债转股方式实现混改已经较为普遍,例如中国航发动力股份有限公司、中金黄金股份有限公司、济青高速铁路有限公司、包头钢铁(集团)有限责任公司等企业。《国有企业改革指导意见》《发展混合所有制经济意见》均明确,在国家有明确规定的特定领域外,鼓励国有企业通过发行可转债实现股权结构多元化,鼓励民营资本等非国有资本投资主体通过认购可转债等方式参与国企混改。《2018 年降低企业杠杆率工作要点》❷《2019 年降低企业杠杆率工作要点》❸ 均明确指出,要促进

---

❶ 刘俊海:《公司法学》,北京大学出版社 2020 年版,第 229 页。

❷ 《关于印发〈2018 年降低企业杠杆率工作要点〉的通知》,中央人民政府网站,https://www.gov.cn/xinwen/2018-08/09/content_5312514.htm,最后访问日期:2024 年 2 月 6 日。

❸ 《关于印发〈2019 年降低企业杠杆率工作要点〉的通知》,中央人民政府网站,https://www.gov.cn/zhengce/zhengku/2019-12/03/content_5458022.htm,最后访问日期:2024 年 2 月 6 日。

市场化债转股与国有企业混合所有制改革等工作有机结合，优化股权结构，推动完善现代企业制度。可转债的全称为可转换公司债券，顾名思义，是指公司依法发行、在一定期间内依据约定的条件可以转换成本公司股票的公司债券，属于《证券法》规定的具有股权性质的证券，具备期权和债权的双重特征。债券持有人在转换条件触发时，具有根据市场情况进行选择的权利，一方面可以按照认购时的价格将债券转换为股票，另一方面如果不想转换，可以继续持有，以待发行方偿还期满时的本金和利息，或者在流通市场出售变现。实践中，只有非公有资本投资者选择将其认购的可转债转换为股票，成为混改国企的股东后，才能实现真正的"资本混合"。

考察可转债的规范现状可以发现，从法律层面来看，《公司法》用 13 条规定规范公司债券（第 194—206 条），其中仅有两条（第 202 条、第 203 条）规定了可转债的发行及转换规则。作为专门规范证券发行和交易行为的法律，《证券法》多处提及公司债券，但很少涉及可转换公司债券。此外，2020 年 12 月 30 日，中国证券监督管理委员会审议通过了《可转换公司债券管理办法》，该办法共 23 条，主要包括交易转让、信息披露、受托管理、监管处罚、规则衔接等内容，填补了目前在规章层面尚无专门规范可转债规则的空白，一改相关规定主要散见于各类监管文件中的局面。即便如此，仍存在《公司法》、《证券法》与《可转换公司债券管理办法》之间的衔接问题，具体表现为：首先，《公司法》意在规范公司的组织及行为，保护公司、股东和债权人的利益，《证券法》调整的是中国境内的股票、公司债券、存托凭证和国务院依法认定的其他证券的发行和交易行为，因此，国有企业发行可转换公司债券理应在两法的调整范围内。相较《公司法》和《证券法》,《可转换公司债券管理办法》作为部门规章对可转换公司债券的规定相对丰富,但从法律效力位阶来看,《公司法》与《证券法》应当对此承担规范责任,充实相关规则,改善上下位阶法规则衔接缺失的现状。其次,国企混改中只有可转换公司债券持有人选择转换成发行公司的股东,才能真正实现股权多元化。那么,当可转换公司债券持有人行使转换权后,保障股东的权益至关重要,具体表现为表决权、收益权等。一般情况下,一旦可转换公司债券持有人转换成发行公司的股东,就当然享有股东权益,但《可转换公司债券管理办法》第8条规定:"可转债自发行结束之日起不少于六个月后方可转换为公司股票,转股期限由公司根据可转债的存续期限及公司财务状况确定。可转债持有人对转股或者不转股有选择权,并于转股的次日成为发行人股东。"从时间上来看,若可转换公司债券持有人在临近召开股东大会时行使转换权,就会对股东大会造成困扰。

四、员工持股:现有规范不一

基于《关于国有控股混合所有制企业开展员工持股试点的意见》(以下简称《员工持股试点意见》),竞争性国企是开展员工持股试点的首要主体,而竞争性国企混改实践中,在国有股东控股情形下,主要采取增资扩股、出资新设的方式,在其他混改模式开展的前提下作为配套措施予以实施,作为二次混改方式,其进一步实现股权多元化,打破了过往国有企业员工薪资的"天花板",具有激发员工创造力和提高工作积极性的独特价值。典型混改案例如,"2017年4月19日,中粮资本披露将通过'增资+售股'的方式拟募资总额80亿元,其中以增资入股的形式募资 60 亿元，再以增资价格向投资方转让价值 20 亿元对应股权。最后中粮资本实际募资 69 亿元，确定 7 家投资人：国调基金、北京首农、温氏投资、弘毅投资、雾繁投资、上海国际、航发资管等。增资后，中粮集团的持股比例降至约 65%，新股东持股比例合计约 35%，其中，员工持股比例约 3%"❶。再比如，"绿地集团是上海市国有控股特大型企业集团。2013年进行混改之前，绿地的股权结构为：职工持股会持股比例为36.43%，国资股东持股比例为 60.68%。……2013 年年底，绿地通过增资扩股引进平安创新资本等 5 家战略投资者。该 5 家机构以 5.62 元 / 股的价格，联合向绿地集团增资 117.29 亿，占增资后股本的 20.2%。引进 5 家战略投资者后，职工持股会持股比例稀释至不到 29%，国有股降至 50% 以下。……由于有限合伙形式 50 人的人数上限，绿地将 1000 个拥有股权的员工拆分为 32 个小有限合伙形式（上海格林兰投资管理中心 1—32），组成了上海格林兰。上海格林兰投资为绿地管理层直接控制，是其核心利益的体现，上海格林兰投资法定代表人是董事长兼总经理张玉良"❷。

　　员工持股可以从狭义和广义两方面来理解，狭义的"员工持股"仅指企业在公平的基础上，允许较多的员工直接或间接持有本公司的股份，广义的"员工持股"在此基础上还包括"股权激励"。❸基于《全面深化改革决定》所指的"允许混合所有制经

---

❶ 《国企混改"4+1 模式"案例研究》，重庆产权交易网，https://cquae.cqggzy.com/News 2017/Content?id=28631，最后访问日期：2024 年 11 月 27 日。

❷ 《国企混改"4+1 模式"案例研究》，重庆产权交易网，https://cquae.cqggzy.com/News 2017/Content?id=28631，最后访问日期：2024 年 11 月 27 日。

❸ 徐永前主编：《员工持股、股权激励与主协调律师制度》，法律出版社 2016 年版，第 6—7 页。

济实行企业员工持股,形成资本所有者和劳动者利益共同体"❶,国企混改中的员工持股应是指广义的"员工持股",内涵基本等同于股权激励。作为公司治理的经济现象,也是当下竞争性国企混改的常用方式,要想"员工持股"稳定运行,实现其应有的功能,法律的规范与保障必不可少。2014 年全国两会期间,民建中央委员、商务部中国服务外包研究中心主任骞芳莉代表在上海代表团的"代表建议议案"讨论会上提出,目前关于员工持股的立法条件已经成熟,并号召代表联合签名提出议案,要求国家对员工持股进行立法规范。❷ 当前,我国存在一些与员工持股相关的顶层设计,如《全面深化改革决定》、《国有企业改革指导意见》、《发展混合所有制经济意见》、《员工持股试点意见》、《关于上市公司实施员工持股计划试点的指导意见》(以下简称《员工持股计划试点指导意见》)、《国有科技型企业股权和分红激励暂行办法》、《关于扩大国有科技型企业股权和分红激励暂行办法实施范围等有关事项的通知》等,为员工持股制度的推进提供了操作指南。但梳理这些政策文件后发现,可操作性不强,对持股企业范围、持股员工范围、持股比例、持股期限等方面的规定不尽一致,难言规范,当然,这与不同政策文件的规范指向差异有关,也在一定程度上反映了员工持股制度的规范现状(表 1)。此外,现有规范中"员工持股"主要针对重要技术人员、经营管理人员,普通员工较少涉及,如此也会增加产生道德风险的概率,加重内部人控制问题。

---

❶ 《中共中央关于全面深化改革若干重大问题的决定》,中国人大网,http://www.npc. gov.cn/zgrdw/npc/xinzhuanti/xxgcsbjszqhjs/2013-11/27/content_1814720.htm,最后访问日期:2024 年 2 月 14 日。

❷ 万静:《员工持股不能先试点后规范》,人民网,http://npc.people.com.cn/n/2014/ 0307/c376899-24566841.html,最后访问日期:2020 年 12 月 20 日。

表1　员工持股专门性政策文件对比分析

文件名称	持股企业范围	持股员工范围	持股比例	持股期限
《关于国有控股混合所有制企业开展员工持股试点的意见》	（一）主业处于充分竞争行业和领域的商业类企业。 （二）股权结构合理，非公有资本股东所持股份应达到一定比例，公司董事会中有非公有资本股东推荐的董事。 （三）公司治理结构健全，建立市场化的劳动人事、经营业绩考核评价体系，形成管理人员能上能下，员工能进能出，收入能增能减的市场化机制。 （四）营业收入和利润90%以上来源于所在企业集团外部市场。	在关键岗位工作并对公司经营业绩持续发展有直接或较大影响的科研人员、经营管理人员和业务骨干，且与本公司签订了劳动合同	员工持股总量原则上不高于公司总股本的30%，单一员工持股比例原则上不高于公司总股本的1%	在公司公开发行股份前已持股的员工，不得在公司首次公开发行股时转让股份，并应承诺自上市之日起不少于36个月的锁定期。锁定期满后，公司董事、高级管理人员每年可转让股份不得高于所持股份总数的25%

（续表）

文件名称	持股企业范围	持股员工范围	持股比例	持股期限
《关于上市公司实施员工持股计划试点的指导意见》	上市公司	公司员工，包括管理层人员	全部有效的员工持股计划所持有的股票总数累计不得超过公司股本总额的10%，单个员工所获股份权益对应的股票总数累计不得超过公司股本总额的1%	每期员工持股计划的持股期限不得低于12个月，以非公开发行方式实施员工持股计划的，持股期限不得低于36个月，自上市公司公告标的股票过户至本期持股计划名下时起算
《国有科技型企业股权和分红激励暂行办法》《关于扩大国有科技型企业股权和分红激励暂行办法实施范围有关事项的通知》	（一）国家认定的高新技术企业。（二）转制院所企业及所投资的科技企业。（三）高等院校和科研院所投资的科技企业。（四）纳入科技部"全国科技型中小企业信息库"的企业。（五）国家和省级认定的科技服务机构	与本企业签订劳动合同的重要技术人员和经营管理人员	大型企业的股权激励总额不超过企业总股本的5%；中型企业的股权激励总额不超过企业总股本的10%；小、微型企业的股权激励总额不超过企业总股本的30%，且单个激励对象获得的激励股权不得超过企业总股本的3%	取得股权之日起，除因本人提出离职或者个人原因被解聘、解除劳动合同、因公调离本企业（半年内全部退回企业）外，5年内不得转让、捐赠

地方相继出台的相关政策在一定程度上对员工持股制度的推进有所裨益，典型地区如北京市、上海市、山东省、广东省等，横向对比来看，受制于顶层设计，各地员工持股政策规定大体相同，但在持股企业范围、持股员工范围等方面的标准不尽一致，部分省市的政策文件相较国家政策文件更严格，不甚妥当。关于前述四省市员工持股政策文件的对比分析，见表2。

"各国企业实践表明，员工持股制度并不必然是促进员工参与公司治理和民主管理的制度安排。欧洲一些国家通过其他制度安排而不是员工持股制度来保障员工参与公司治理和民主管理。美国保障员工通过持股来分享公司发展收益，但不支持和保障员工参与公司治理和民主管理。在我国，企业实行员工持股计划与员工参与公司治理和民主管理这二者之间，也没有必然联系。"❶

员工持股制度要想在竞争性国企混改中发挥员工民主参与、抑制所有者缺位和内部人控制的效果，还需要其他配套法规联合出台，促进持股的员工切实参与公司治理。《员工持股计划试点指导意见》中明确了"参加员工持股计划的员工应当通过员工持股计划持有人会议选出代表或设立相应机构，监督员工持股计划的日常管理，代表员工持股计划持有人行使股东权利或者授权资产管理机构行使股东权利"，《员工持股试点意见》也规定"持股员工可以个人名义直接持股，也可通过公司制企业、合伙制企业、资产管理计划等持股平台持有股权"。但这两个文件均未明确选出的代表或设立的机构如何参与公司治理，缺乏细致性规定。总之，我国关于员工持股的相关规范不甚完善，法律效力位阶较低，

❶ 黄速建、余菁：《企业员工持股的制度性质及其中国实践》，《经济管理》2015年第4期，第3页。

表2　四省市员工持股政策文件对比分析

地区	持股企业范围	持股员工范围	持股比例	持股期限
北京市	（一）竞争类二、三级企业，主业处于充分竞争的行业和领域。 （二）非公有资本中非公有资本达到一定比例，公司董事会中非公有资本股东推荐的董事、股东其责、董事会、监事会、经理层各负其责、协调运转、有效制衡。 （三）企业收入、利润90%以上来源于集团外部市场，而不是主要来源于与集团及其所属企业及其所属企业等关联单位的关联交易。 （四）基础管理较好，劳动、人事和分配三项制度适应现代企业制度要求，建立了市场化的业绩考核评价体系。 （五）发展战略明确，资产质量和财务状况良好，近3年无财务违法违规行为和不良记录。●	与本企业签订了劳动合同，且在关键岗位工作并对企业经营业绩和持续发展有直接或较大影响的科研人员、经营管理人员和业务骨干	员工持股总量原则上不高于公司总股本的30%，单一员工持股比例原则上不高于公司总股本的1%	员工持股应设定不少于36个月的锁定期。持股员工因辞职、调离、退休、死亡或被解雇等企业解除或终止劳动关系的，应在离开企业12个月内将其所持股权进行内部转让

●《北京市人民政府国有资产监督管理委员会关于印发〈关于市属国有控股混合所有制企业开展员工持股试点的实施办法〉的通知》，北京市国资委网站，https://gzw.beijing.gov.cn/xxfb/2024zccwj/20240520_3689294.html，最后访问日期：2024年11月27日。

（续表）

地区	持股企业范围	持股员工范围	持股比例	持股期限
上海市	（一）主业应处于充分竞争行业和领域的竞争类企业。 （二）股权结构合理，非公有资本股东所持持股份原则上不低于10%，且公司董事会中有非公有资本股东推荐的董事。 （三）企业股东会、董事会、监事会、经理层健全，董事会运作规范高效。 （四）企业的营业收入和利润90%以上应来源于其所在出资监管机构一级企业的外部市场。●	无	无	无

● 《关于印发〈关于本市地方国有控股混合所有制企业员工持股首批试点工作实施方案〉的通知》，上海市人民政府网站，https://service.shanghai.gov.cn/XingZhengWenDangKuJyh/XZGFDetails.aspx?docid=REPORT_NDOC_002772，最后访问日期：2024年11月27日。

（续表）

地区	持股企业范围	持股员工范围	持股比例	持股期限
山东省	（一）省国资委履行出资人职责的省属国有控股企业、国有参股企业的员工持股不纳入试点范围。 （二）已完成或拟实施混合所有制改革的企业。●	（一）企业中高层管理人员、省委、省政府、履行出资人职责的机构等组织任命的国有企业领导人员，企业外部董事、监事（含职工代表董事、监事）除外。 （二）对企业整体业绩和中长期发展具有重要作用的经营管理人才、科技人才和业务骨干。 （三）符合以上条件的人员必须签订了劳动合同	员工持股总额度原则上不高于改制后企业总股本的30%。符合持股条件的员工，可在对应的个人持股额内自愿选择实际持股额度，但单一员工持股额度原则上不得高于改制后企业总股本的1%	员工持股应设定不少于36个月的锁定期。在公司公开发行股份前已持股的员工，不得在公司首次公开发行时转让该股份，并应承诺自上市之日起不少于36个月的锁定期。持股员工因辞职、调离、退休、死亡或被解雇等离开公司的，应在12个月内将其所持股份进行内部转让

● 《山东省省属国有企业员工持股试点工作实施细则》，国务院国资委网站，http://www.sasac.gov.cn/n2588025/n2588129/c2762116/content.html，最后访问日期：2024年11月27日。

（续表）

地区	持股企业范围	持股员工范围	持股比例	持股期限
广东省	（一）主业处于充分竞争行业和领域，发展基础好，有一定规模和市场地位，市场前景良好、具备相应的竞争能力的商业类企业。 （二）股权结构合理，非公有资本股东所持股份应达到一定比例，公司董事会中有非公有资本股东推荐的董事。 （三）公司治理结构健全、建立市场化的劳动人事分配制度和业绩考核评价体系，形成管理人员能上能下、员工能进能出、收入能增能减的市场化机制。 （四）按照上一年度审计报告或审计报告专项报告，营业收入和利润90%以上来源于企业所在集团外部市场。●	与本公司签订了劳动合同，且在关键岗位工作并对公司业绩和持续发展有直接或较大影响的科研人员、经营管理人员和业务骨干	员工持股总量原则上不高于子公司总股本的30%，单一员工持股比例原则上不高于公司总股本的1%	持股员工因辞职、调离、退休、死亡或被解雇等离开本公司的，应在12个月内将所持持股份进行内部转让

● 《关于印发〈广东省国有控股混合所有制企业开展员工持股试点的实施细则〉的通知》，广东省省国资委网站，https://gzw.gd.gov.cn/gkmlpt/content/1/1320/post_1320456.html#1332，最后访问日期：2024年11月27日。

法规建设相对滞后，尚处于自发性初级阶段。美国、德国、日本、英国、西班牙等世界上积极推行员工持股制度的代表性国家，对员工持股的制度供给程度值得我国借鉴。比如，美国有着较多、较完善的员工持股相关立法，继 1974 年通过了《雇员退休收入保障法案》，又颁布了《税收改革法案》等 20 多部相关法律，美国一半以上的州也出台了一系列地方法律法规，规范和促进员工持股的开展。❶

五、设立私募股权投资基金：监管规范需细化

2013 年 12 月 19 日，上海联合产权交易所公布，平安创新资本、鼎晖嘉熙、宁波汇盛聚智、珠海普罗、上海国投协力发展 5 家私募股权投资机构获得绿地集团两成股权，合计认购 20.87 亿股，增资单价均为每股 5.62 元，合计耗资 117.29 亿元。针对此次绿地集团增资扩股行为以及接下来私募股权投资基金将在国企混改中扮演的角色，《上海国资》专访了珠海普罗基金的牵头发起人、国开装备制造产业投资基金的管理人施德容，他认为随着国企改革的深入，企业市场化程度会越来越高，那么私募股权投资基金可以发挥的作用将越来越大，因为放眼全球，很多成熟企业背后都有私募股权投资基金在支持，基金和职业经理人是国外企业的常见配置。❷ 国企混改中，无论是顶层设计还是地方政策文件，都在不同程度上鼓励不同投资主体共同设立私募股权投资基金。作为投资平台，既可以由国有资本与非公有资本共同发起设立，也可以由国有资本参与非公有资本已设立的私募股权投资

---

❶ 梁慧瑜：《企业员工持股法律问题研究》，法律出版社 2012 年版，第 83—85 页。

❷ 王铮：《混合所有制将为股权投资基金打开巨大发展空间——访国开熔华产业投资基金管理有限责任公司董事、首席投资官施德容》，《上海国资》2014 年第 1 期，第 36—37 页。

基金。私募股权投资基金作为多方利益诉求的载体，被引入混改后能够改善国有企业长期以来的国有股"一股独大"和内部人控制问题，形成相互制衡的股权结构，当然，其自身所具备的资本金性质，亦可改善国有企业财务状况。例如，2013 年，上海益民集团携手德同资本共同发起设立"德益消费升级产业基金"，德同资本为该基金提供日常运营及投资管理服务，考虑到益民集团的经营方向，该基金致力于投资消费连锁行业、电子商务等消费类企业，以及对国外知名消费连锁品牌进行收购并加以整合。由此，益民集团充分吸取了德同资本的专业经营经验和资源优势，在基金平台上通过产业整合与并购重组等方式，实现了消费零售行业的新扩张。作为机构投资者，该基金专业性较强，具有丰富的管理经验，而且注重长期利益，能够改善国有企业的公司治理，促进市场化。另外，与其他基金不同，私募股权投资基金的引入是"资本"（股权）的真正引入，不会产生负债，有利于改善国企财务状况。例如，"2017 年 8 月 16 日，中国国有企业结构调整基金股份有限公司与中国联合网络通信集团有限公司签署了《股份转让协议》，国企结构调整基金将投资 129.75 亿元受让中国联通集团所持有中国联通 A 股股份。交易完成后，国企结构调整基金将持有中国联通 A 股 6.11% 的股份，成为其第三大股东"❶，如此，减少了中国联通的到期债务。

　　作为竞争性国企混改的新模式，设立私募股权投资基金尚处于探索阶段，天然的"投资属性"决定了风险与收益并存，加之涉及国有资产，对其进行监管是必要的。从作为资本市场产物的私募股权投资基金自身的规范性来看，当前，我国关于私募股权投资

---

❶ 《解密国调基金："混改推手"这一年》，搜狐网，https://www.sohu.com/a/168921369_118622，最后访问日期：2024 年 11 月 27 日。

基金的监管规范是《关于加强私募投资基金监管的若干规定》和《私募投资基金监督管理暂行办法》，前者是后者的细化，进一步规范了私募基金管理人名称、经营范围和业务范围及私募基金投资要求，强化了针对私募基金管理人及从业人员等主体的规范要求。但从法律效力位阶来看，《关于加强私募投资基金监管的若干规定》《私募投资基金监督管理暂行办法》属于部门规范性文件、部门规章，法律效力位阶不高，相应的权威性也弱一些，难以满足竞争性国企混改的现实需要。"当年全国人大副委员长成思危曾经主导在投资基金领域建立三部法律，即《证券投资基金法》、《私募股权投资基金法》、《产业投资基金法》，但在具体的立法过程中，后两部法律遭遇巨大的阻力而被迫夭折，而现实私募股权投资基金的发展又要求我们必须尽快出台一部关于私募股权投资基金的适用于全国的规范私募股权投资的法律规范。"❶

此外，《关于加强私募投资基金监管的若干规定》和《私募投资基金监督管理暂行办法》并未考察国企混改设立私募股权投资基金的特定情形，欠缺针对性。无论是主动发起设立私募股权投资基金还是被动参与非公有资本已设立的私募股权投资基金，国企都将面临国有资产的直接参与，因此，相关法规应予细致规范这种私募股权投资基金的投资边界及重大风险投资时管理人请示国有投资人制度。投资领域也应体现出国有股权的公益特性，不可随意扩张，打击民营经济发展积极性，应构建良好的营商环境。的确，《私募投资基金监督管理暂行办法》已对私募基金管理人、托管人、销售机构和其他私募服务机构及其从业人员从事私募基金业务进行了限制，也规定了私募基金管理人、托管

---

❶　王瑜、曹晓路:《私募股权投资基金的法律监管》,《社会科学家》2016 年第 2 期,第 110 页。

人应当按照委托合同约定向投资者如实披露重大信息，《关于加强私募投资基金监管的若干规定》也进一步优化了集团化私募基金管理人监管，明确私募基金投资要求，规定管理人不得从事损害私募基金财产或者投资者利益的关联交易等投资活动，但并未针对国有股权投资基金管理人、托管人的投资行为加以限制。作为私募投资基金监管的顶层设计，这两部规范应对相关问题予以回应。

第二节   不同参混资本形态

一、民营资本：权益亟须系统化法治保障

民营资本是竞争性国企混改拟引入的非公有资本的核心组成部分，也是"当头兵"。能否顺利引入民营资本，或将直接决定竞争性国企混改的成败，这就需要对民营资本进行系统化保障，以打消其惯存的与国企混合之后其相关权益易受行政权力侵害的顾虑，从而提高民营资本参与改革的积极性。法律具有主体权益保障功能，从法治层面考察竞争性国企混改实践中民营资本权益保障现状，主要存在以下几方面的问题。

首先，准入规则构成了阻碍竞争性国企混改的第一道壁垒。一般认为进入壁垒分为结构性与行为性两类，行政制度壁垒是结构性进入壁垒的类型之一，我国民营经济发展的最大阻力就是存

在大量行业进入的行政制度壁垒。❶ 混改的开展以民营资本能够进入相应行业为前提，如果竞争性国企所在行业存在阻碍民营资本进入的硬性制度壁垒，那么竞争性国企混改就成了"无源之水"。制度壁垒中较为典型的或为《反垄断法》，该法第 8 条关于国家保护特殊行业经营者合法经营活动的规定，形式上构成了国有资本在国有经济占控制地位的关系国民经济命脉和国家安全的行业以及依法实行专营专卖的行业实行垄断经营的"法定依据"。结合前述竞争性国企的范围界定，这些行业也不免涉及竞争性国企，作为"经济宪法"，《反垄断法》在政府对市场经济进行规制的法律体系中具有基本法地位，该法从宏观上为国有资本的垄断提供了"制度基础"，也反向构成了民营资本进入特定行业的制度壁垒。此外，针对各行业的单行立法也对国有资本的行业垄断作出了细致的规定，这些单行立法与《反垄断法》第 8 条的规定相结合，共同构成了民营资本进入特定领域的显性障碍。民航业直到 2002 年和 2005 年才分别对外商资本和民营资本开放投资，而且仍然存在多处限制。❷ 还需注意的是，信息对称是参与混改的前提，相比拟混改国企，民营资本的市场信息获取能力较弱，加之国企混改是国家主动性行动，民营资本参与国企混改实践还面临拟混改国企信息公开机制不健全等障碍，以致民营资本不知道哪些行业可以进入、如何进入，确定参与特定国企混改后对其经营信息也仅能依靠对方单方提供。各地国企混改操作指引规范均是从国企权益维护角度，明确"对投资者进行适格性尽职调查"等内容，对民营资本市场信息获取诉求欠缺关注。

---

❶ 刘志彪等编著：《产业经济学》，机械工业出版社 2015 年版，第 157 页、第 159 页。

❷ 段宏磊：《民航业反垄断执法的管制障碍及改革》，《北京理工大学学报（社会科学版）》2015 年第 1 期，第 120 页。

其次，国有资产转让涉及的审批程序规范性和可操作性不足。《企业国有资产法》第 53 条规定，转让国有资产致使国家不再具有控股地位的，需要本级人民政府批准，《暂行条例》第 23 条亦明确国有资产监督管理机构决定其所出资企业的国有股权转让，转让全部国有股权或转让部分国有股权致使国家不再拥有控股地位的，需要本级人民政府批准。竞争性国企混改背景下，非公有资本投资者对交易的审批进展很关注，对此也应有适度知情权，但前述规定较为笼统，一旦发生纠纷，国有企业将拥有较大的解释空间。典型案例如云南红塔集团与陈发树的股权转让纠纷，2009 年陈发树依据与云南红塔集团签订的股权转让协议一次性支付 2207596050.22 元（含之前交付的竞聘保证金），而云南红塔集团却迟迟未将合同约定的股份过户。双方在协议中约定，本交易需经有权国资监管机构批准，而这一批准没有顺利拿到。此后，陈发树通过聘请律师、召开发布会等方式维护自身权益，支出了巨额费用。2012 年 1 月 17 日，中烟总公司作出批复，称为防止国有资产流失，不同意此次股权转让。2012 年 11 月 8 日，陈发树向云南省高级人民法院提起诉讼。由于中烟总公司作出批复不同意本次股权转让，陈发树毫无疑问地败诉了。❶ 此案反映出审批的两个问题：一是双方协议中的"有权国资监管机构"并不明确，双方就审批主体发生了争议；二是双方协议和法律都没有规定审批时限，因此出现了两年后一纸批复否定合同效力的局面。

再次，竞争性国企混改中国有资产价值评估不实也是民营资本权益受损的主要表现。民营资本参与混改，需要依法对收购所涉及的国有资产进行价值评估，如果国有资产价值评估过高，那么民营

---

❶　参见最高人民法院（2013）民二终字第 42 号民事判决书。

资本要付出过高的对价，利益也会因此受损。由于部分竞争性国企经营状况不佳，不实评估的道德风险或许在所难免。

最后，混合所有制企业治理中，民营资本的话语权难言充分。国企混改完成后，混改的产物"混合所有制企业"即为独立市场主体，依据《公司法》等相关法律法规开展市场活动。在国企混改实践中，民营资本往往通过参股进入企业，持股比例决定其话语权和所能得到的利益。在资本多数决的制度下，作为中小股东的民营资本自然成为弱者，没有足够的话语权。以中国联通混改实践为例，中国联通虽然通过改革引入了多家民营资本，但由于民营资本持股比例较低（出资最多的百度和腾讯分别只占不足 5% 的股份），其在混合所有制企业中的话语权极小。与中国联通混改类似，万达所进行的第一次混改尝试并不成功。此次混改与中国联通混改的不同点在于，其并不涉及万达商业本身，而是由万达联合百度、腾讯另行设立万达电子商务公司，但相同的是百度、腾讯的持股比例仍然不高，不能形成对大股东万达的制衡，它们所提出的公司治理意见并没有得到充分的尊重，混改以失败告终。还需注意的是，在推动竞争性国企混改之前，竞争性国企长期处于政企不分的状态，在竞争性国企混改初期，即使引入民营资本，也无法直接阻断政企间长期存在的关系，这无疑加剧了竞争性国企混改中国有资本与民营资本力量对比的悬殊。

二、集体资本：产权界定规范缺失

集体资本是集体经济的资本化和重要组成部分，国有资本、集体资本、非公有资本等交叉持股、相互融合的混合所有制经济，是基本经济制度的重要实现形式。"集体资本比国有资本更接近市场经济的运行规则，比国有资本更容易解决西方市场经济法学体系所不同意的'一物两权'的困难。"❶《发展混合所有制经济意见》明确规定，允许经确权认定的集体资本、资产和其他生产要素作价入股参与国企混改。多地出台的地方性法规也明确了农村集体经济组织可以依法自主决定对农村集体资产采取投资入股（合资、合作）等经营方式，如《江苏省农村集体资产管理条例》《上海市农村集体资产监督管理条例》《浙江省农村集体资产管理条例》等，这些都为集体资本参与竞争性国企混改提供了政策基础。

市场交易的前提是产权界定清晰，不同资本"混"的过程也是动态交易的过程，集体资本参与竞争性国企混改，其产权界定尤为重要。集体资产产权界定是指相关机构依据相关法律、法规、政策，划分集体资产所有权、经营权（使用权）等的产权归属。考察混改实践，集体资本一直以来存在的产权难以界定问题成为其参与混改的障碍。产权界定规范的制定是产权得以清晰界定的基础。当前，我国关于集体资本的立法比较薄弱，涉及集体资产产权界定的相关规范更是少之又少。国家层面的规范诸如《集体企业国有资产产权界定暂行办法》（以下简称《集体企业产权界定暂行办法》）、《城镇集体所有制企业、单位清产核资产权界定暂行办法》、《城镇集体所有制企业、单位清产核资产权界定工作的具体规定》等，其中《集体企业产权界定暂行办法》主要针对集体企业国有资产的界定、使用和管理等作出规定，后两者则明确了集体企业各项财产的所有权归属，集体企业与国有企业之间有争议的财产关系等内容。当然，如此规定与这些部门规章制定的时代背景不无关联，所涉集体资

❶　林炎志：《探讨集体资本和集体所有权》，《中国集体经济》2006年第12期，第7页。

产产权界定较少，在所有制企业立法方面更多地考虑了国有企业，体现了"我国所有制企业立法是以全民所有制企业立法为中心"❶的说法。

从地方层面来看，的确有一些针对集体资产产权界定的规范，如《东莞市农村（社区）集体资产管理实施办法》《关于广东省农村集体资产产权界定工作的意见》（以下简称《广东省集体产权界定意见》）、《上海市集体企业产权界定暂行办法》《新乡市集体企业改制中资产监督管理暂行规定》、上海市《关于闸北区集体资产产权界定的若干意见》（2015 年，闸北区被撤销，与静安区合并）、《青浦区镇级农村集体资产产权界定实施办法》《吉林省农村集体资产产权界定和纠纷处理办法》《关于加强浦东新区街道城镇集体资产管理的若干意见（试行）》《关于加强区属城镇集体资产监督管理的若干意见》等专门性资产界定规范，还有前文所述的各地方农村集体资产管理条例中所涉的资产界定规范，但除《广东省集体产权界定意见》之外，各地规范大多较为宏观，对集体资产产权界定的对象、方法都很少提及，有些规定虽然相对细致，但过于老化，应结合时代特点加以更新完善。此外，从规范对象来看，各地规范大多针对农村，极少涉及城镇集体经济，竞争性国企混改中，无论是城镇集体经济还是农村集体经济，都应是重要参与主体，相关规范当需细致完善以助力集体资本顺利参与国企混改。

三、外商资本：安全审查规范需要完善

《发展混合所有制经济意见》明确，要有序吸收外商资本参

---

❶ 董亚丽：《集体所有制企业改制应先明确产权界定》，《中国黄金报》2017 年 6 月 16 日，第 7 版。

与国企混改，但同时也指出要按照扩大开放与加强监管同步的要求，依照外商投资产业指导目录和相关安全审查规定，完善外资安全审查工作机制，切实加强风险防范。外商资本，也称国外资本，外商资本参与国企混改，一般包括"引进来"（改制重组、合资合作）和"走出去"（海外并购、投融资合作、离岸金融等）两种方式。相较其他非公有资本，外商资本投资准入主要是安全审查的问题。世界各国都存在对引进的外资进行安全审查的做法，实践中我国企业跨国并购时也常遭遇外国国家安全审查，比如 2005 年中国海洋石油有限公司（以下简称"中海油"）宣布以185 亿美元收购美国加利福尼亚州的优尼科石油公司时，美国国会决议认定该收购计划可能威胁国家利益，要求外国投资委员会进行审查，持续了 141 天的审查程序大大增加了中海油的收购成本，且存在无法克服的、前所未有的巨大政治压力，最后中海油决定撤回竞购。❶

　　关于安全审查，我国经历了曲折的立法过程，2011 年 2 月《国务院办公厅关于建立外国投资者并购境内企业安全审查制度的通知》出台，初步确立了外资并购国家安全审查制度，同年3 月，《商务部实施外国投资者并购境内企业安全审查制度有关事项的暂行规定》出台，填补了我国外资并购国家安全审查制度的空白。2015 年 1 月 19 日，商务部就《外国投资法（草案征求意见稿）》向社会公开征求意见，针对现行国家安全审查制度效力层级较低、制度不完善等缺陷，在《国务院办公厅关于建立外国投资者并购境内企业安全审查制度的通知》基础上，充分借鉴有关国家的做法，进一步完善了国家安全审查的审查因素、审查程

---

❶ 国家发展改革委体改司编：《国企混改面对面——发展混合所有制经济政策解读》，人民出版社 2015 年版，第 70 页。

序，在第四章专章规定了外国投资国家安全审查制度。2015 年 4 月 8 日，国务院办公厅印发《自由贸易试验区外商投资国家安全审查试行办法》，决定在上海、广东、福建、天津 4 个自由贸易试验区开展试点工作。至此，外商投资国家安全审查制度逐渐步入正轨。然而，2019 年 3 月 15 日，第十三届全国人民代表大会第二次会议通过了《外商投资法》，其自 2020 年 1 月 1 日起施行，传统的"外资三法"即《中外合资经营企业法》《外资企业法》《中外合作经营企业法》同时废止。同年 12 月 12 日，国务院常务会议通过了《外商投资法实施条例》。从《外国投资法（草案征求意见稿）》到《外商投资法》，不仅名字确有不同，内容也有颠覆性变动，其中关于安全审查、强化监管的内容大幅缩减，安全审查开展的诸多细则均不见踪迹，更多的是一些不会产生争议的原则性规定，如第 35 条关于国家建立外商投资安全审查制度的宽泛规定。作为《外商投资法》的配套法规，《外商投资法实施条例》也仅在其第 40 条重复了《外商投资法》第 35 条的规定。

2020 年 11 月 27 日，国家发展和改革委员会第 13 次委务会议审议通过了《外商投资安全审查办法》，该办法共 23 条，对外商投资国家安全审查制度进行了细致规定，弥补了外商资本审查规范的缺失。但该办法的发文机关为国家发展改革委与商务部，若进行混改的企业为中央企业，那么出资人为国务院，监管机构为国资委，此时，该办法所规定的设在国家发展改革委，由国家发展改革委、商务部牵头的工作机制办公室有权要求（境内与境外）当事人申报机制竟难以运行，即便正常申报，审查效果也是存疑的，为此，《外商投资法》和《外商投资法实施条例》应适当细化相关规定。此外，该办法通过具体投资领域以及实际控制权两个标准规定了外商投资审查申报范围，并在实际控制权标准中设定了兜底条款，即"其他导致外国投资者能够对企业的经营决策、人事、财务、技术等产生重大影响的情形"。从形式上看该条款能够规制所有情形，但也应意识到外商资本参与竞争性国企混改不同于一般投资经营，所涉国有资产亦不同于普通企业资产，应将所有外商资本参与竞争性国企混改纳入审查范围，当然，可基于不同行业、持股情况区分审查程度以提高效率。

四、非公有资本：退出机制不完善

不同于公有资本，非公有资本具有较强的逐利性，也恰恰因此具有较强的活力。在竞争性国企混改中，必要时如何退出是非公有资本极为关心的问题。然而，当前各式资本参与竞争性国企混改的退出机制不尽完善，甚至处于空白状态。学界和实务界对竞争性国企混改中保障非公有资本权益的制度进行了探索，目前来看，完善现代企业管理制度、减少行政化干预等举措的确在理论上能够保证非公有资本在混合所有制企业中享有同普通企业一样的平等地位。但由于国有企业长期的行政化作风以及既得利益者的干预等，保障非公有资本权益的举措难以在短时间内落实。改革是一个长期的过程，也是一个不断探索的过程。改革不能确保必然成功，即使改革最终获得成功，其过程也必然充满波折。非公有资本大胆试水参与改革，倘若改革的举措不能使其获益甚至使其权益受损，在可预见的一段时间内也无法得到完善，那么适时退出对于非公有资本而言或许是一条最好的道路。为了将非公有资本参与混改的风险降到最低，应当细致完善非公有资本的退出机制。以民营资本为例，我国《公司法》第 89 条规定了异议股东股权回购请求权制度，在适用范围上，规定了"公司连续五年不向股东分配利润，而公司该五年连续盈利，并且符合本法规定的分配利润条件""公司合并、分立、转让主要财产""公司章程规定的营业期限届满或者章程规定的其他解散事由出现，股东会通过决议修改章程使公司存续"3 种情形。但此处列举的仅限于特定情形，中小股东由于表决权有限，被大股东的意志裹挟而使其利益受损的情形远不止如此，且只对回购价格作出"合理的价格"的模糊规定，国企混改实践中一般作为中小股东的民营资本极易因其弱势地位而被迫低价转让股份，此时其合理权益难以得到有效保障。各地在制定国企混改操作指引规范时已考虑到该问题，多有提及"国有参股情形下，在公司章程中尽量制定保护小股东利益的条款，如知情权、表决权等方面内容，必要时可以设置有条件的退出条款"，如上海市《本市国有企业混合所有制改制操作指引（试行）》等，但多为倡导性条款，缺乏具有可操作性的约束性指引，"尽量制定""必要时可以设置""有条件"等表述更是凸显对民营资本权益保障不够真诚。此外，在国企混改实践中，某些拟混改国企充分考量民营资本可能存在短期套利行为，即在股权合作协议中设定了禁转期限，比如云南白药控股有限公司明确规定，交易中所涉股权自股权合作协议生效之日起 6 年内不得向第三方转让、出售、赠予或以其他方式处置。为防止国有资产流失，这种做法无可厚非，但若禁转期限设置不当，则会阻碍民营资本自由流动，进而影响其参与混改的积极性。

第三节　不同资本混合程序

一、决策审批：地方拟混改国企程序规范缺失

"资本混合"中决策审批程序的完善是行政决策法治化的必然要求，也是竞争性国企混改顺利推进的关键环节。按照《企业国有资产法》等法律法规的要求，竞争性国企混改属于企业改制，应当严格履行相应的审批程序。考察"资本混合"相关规范，仅有针对中央企业的，如《关于支持鼓励"双百企业"进一步加大改革创新力度有关事项的通知》（以下简称《鼓励"双百企业"改革创新通知》）规定，中央"双百企业"的混改方案由中央企业审批，地方"双百企业"的混改方案按照各地方国资监管相关政策审批。此后，《操作指引》从专门性操作程序规范角度再次明确，拟混改企业属于其他功能定位子企业的，其混改方案由中央企业审批，但对于地方竞争性国企的决策审批程序未有规定，这显然难以满足我国国企混改分类分层推进的需求。另外，虽然《鼓励"双百企业"改革创新通知》规定了地方"双百企业"混改方案的审批程序，但其仅为国务院国有企业改革领导小组办公室印发的规范性文件，权威性相对较弱。

从地方层面来看，不同地方国企混改操作指引规范对决策审批程序有着不同的规定，设置了不同的标准：有些地方区分母、子

企业，如青岛市、四川省、山西省、湖南省等；有些地方区分产权转让、增资扩股、投资并购、出资新设等不同改革方式，如北京市、广东省等；还有些地方区分国资监管机构出资或监管的企业及其所属企业，如上海市。横向对比来看，或由于顶层设计缺失，没有上位规范指引，各地标准各异，缺乏统一性，这最终会影响竞争性国企混改决策审批程序的规范适用。为清晰展现不同地方的差异，笔者以北京、上海、青岛、广东等省市为例，对比分析不同国企混改操作指引规范的决策审批程序规定（表3）。

表3 不同省市国企混改操作指引规范的决策审批程序规定

地 区	内 容
北京市	1.通过产权转让、增资扩股方式实施混合所有制改革的国企，应当按照《北京市国资委 市财政局关于贯彻落实〈企业国有资产交易监督管理办法〉的意见》履行审核程序。 2.通过投资并购、出资新设方式实施混合所有制改革的国企，应当按照《北京市国有企业投资监督管理办法》《北京市国有企业境外投资监督管理办法》等的规定履行审核程序。 3.市属国有企业通过首次公开募股（IPO）实施混合所有制改革的，应当按照《关于进一步明确非上市股份有限公司国有股权管理有关事项的通知》履行市国资委标识管理程序。 4.市属国有控股上市公司通过上市重组等方式深化混合所有制改革的，应当按照《上市公司国有股权监督管理办法》的规定履行审核程序
青岛市	1.市属企业混改方案由市国资委审核，报市政府批准。 2.市属企业重要子企业的混改方案由市属企业审核，报市国资委批准。 3.市属企业除重要子企业之外的权属企业混改方案由市属企业审批

（续表）

地　区	内　　容
上海市	区分了出资监管企业与出资监管企业所属企业： 1. 对于出资监管企业改制，进一步区分是否转让股权：转让股权的，由国资监管机构决策后报市政府同意；非转让股权的，企业履行内部决策程序后报国资监管机构，由国资监管机构决策后报市政府同意。其中，股权结构多元化的出资监管企业改制，还须通过股东（大）会形成决议。市国资委出资的委托监管企业的改制，由委托监管机构联合市国资委报市政府或通过市国资委转报市政府。 2. 对于出资监管企业所属企业改制，由出资监管企业按照"谁决策、谁负责"的原则，分级落实责任主体。出资监管企业重要子企业重大改制，由出资监管企业决策。出资监管企业在作出决定或通过股东（大）会进行表决前，应将改制方案报国资监管机构备案
四川省	1. 所出资企业混合所有制改革方案由所出资企业报省国资委，省国资委会同省级相关部门研究提出意见后，报省政府批准。 2. 已经省国资委备案的资产交易重要子企业混合所有制改革方案由所出资企业报省国资委批准。 3. 其他子企业的混合所有制改革方案由所出资企业批准
广东省	1. 通过产权转让和增资扩股实施混合所有制改革的国企，按照《企业国有资产交易监督管理办法》履行审批程序。 2. 通过上市重组实施混合所有制改革的国企，按照《上市公司国有股权监督管理办法》及证券监管的有关规定履行审批程序。 3. 通过投资并购和出资新设等方式实施混合所有制改革的国企，按照《广东省省属企业投资监督管理办法（试行）》履行决策程序
湖南省	1. 关于企业集团的混合所有制改革：由省国资委指导企业制订混改方案，经省国资委审核后，报省政府批准。 2. 关于子企业的混合所有制改革：混改方案由产权持有单位指导企业制订，企业完成内部程序后报产权持有单位审核，由企业集团批准，事后报省国资委备案，其中，重要子企业的混改方案经企业集团审核后需报省国资委批准。 3. 关于"双百企业"的混合所有制改革：国家另有规定的，从其规定

（续表）

地 区	内 容
山西省	1. 省属企业集团公司混合所有制改革方案应报省国资委批准，其中，省属重要骨干企业的混合所有制改革方案报省政府批准。 2. 省属企业集团公司混合所有制改革致使国有资本不再控股的混合所有制改革方案应报省政府批准。 3. 省属企业子公司混合所有制改革方案，由省属企业集团公司根据省国资委授权情况，按程序履行报批手续

二、定价评估：国有资产评估机制函待完善

定价评估是国企混改程序中的关键环节，定价评估低将可能导致国有资产流失，定价评估高会损害非公有资本的利益，而合理的定价评估需要公平统一的评估规范。"发展混合所有制经济涉及相关各方合法权益保障，资产或项目的估值必须公平，既防止国有资产流失，又防止非公有资本权益受损。这就要求建立明确的规范、制定严格的程序，对资产估值和股权融合后的企业运营作出制度性安排。"❶从形式上看，当前我国关于国有资产评估的法律法规相对完善，既有《资产评估法》《企业国有资产法》等一般性法律，也有《国有资产评估管理办法》（以下简称《评估办法》）、《企业国有资产评估管理暂行办法》、《国有资产评估管理办法施行细则》（以下简称《评估办法细则》）等专门性法规。无论是中央还是地方出台的国企混改操作指引规范，都对此有所规定。但从评估程序上看，国企混改中国有资产的评估结果

---

❶ 张林山：《规范混改国资产定价评估 确保国有资产保值增值》，中央人民政府网站，https://www.gov.cn/xinwen/2017-10/12/content_5231335.htm，访问时间：2024年1月3日。

难言真实准确。《评估办法》明确先由国有资产占有单位向国有资产管理行政主管部门申请评估立项，而后资产评估机构基于批准的评估立项通知书接受委托进行评估，并提交资产评估结果报告书，国有资产占有单位收到资产评估结果报告书后，报批准立项的国有资产管理行政主管部门确认，后者审核验证后下达资产评估结果确认通知书。可见，国有资产的评估及结果确认全部由国有资本方面控制。更需提及的是，基于该办法规定，国有资产评估机构的管理办法——《企业国有资产评估管理暂行办法》，也是由国务院国有资产管理行政主管部门制定的，其更是强化了国资监管机构的权力，比如资产评估项目核准、备案，对企业国有资产评估工作的监督、检查，等等。无可厚非，作为代表人民政府履行出资人职责的主体，国资监管机构也有义务代表人民政府，实际代表人民监管国有资产以防其流失，但在国企混改特定背景下，该结果将直接影响民营资本的投资信任感。国务院国资监管机构直接干预拟混改国企国有资产的评估事宜，是不妥当的，也是不公平的。此外，国企混改势必影响特定人群的既得利益，也易导致特定人与民营资本相互串通进行关联交易，或滥用批准权降低监督力度进而随意评估，以致评估结果不真实、不准确。

　　此外，中央或地方出台的国企混改操作指引规范中，所涉评估条款相对粗泛，诸如依据相关法规和政策要求，按权限和规定程序选聘中介机构，规范开展清产核资与财务审计、资产评估等工作，等等。值得注意的是，虽然部分省市细致规范了资产评估、管理主体等内容，比如上海市、广东省等，但关于国有资产占有单位委托资产评估机构的相关规范不是很妥当，国有资本与民营资本是市场交易中的平等主体，资产评估时应当由双方共同委托评估机构，而非一方单方委托，方显公允。

三、容错纠错机制：可操作性不强

随着中央全面深化改革委员会第十四次会议审议通过了《三年行动方案》，国企改革进入了关键阶段。虽然形式上是此前国企改革的延续，但以国企混改为主要方式的新一轮国企改革有着自己的特色和亮点，同时也面临着诸多挑战与风险。与此前不同，国企混改试图通过引入非公有资本投资者达到股权多元化的目的，国企混改中既要防范国有资产流失，也要保障非公有资本投资者的权益。

容错纠错机制，意为干部在实施改革创新、促进开放发展的过程中，非主观原因导致工作失误，没有达到预期效果甚至失败，造成一定损失，在满足容错纠错的条件时，通过启动一定的程序，得以从轻、减轻或者免除相关责任，进而在考核、提拔任用中免于扣分或否决等负面评价的制度。近几年，构建容错纠错机制被不断提及，以鼓励改革创新，宽容失败。实际上，各方已经认识到建立容错纠错机制的必要性和重要性，中央及各地的混改政策中已然提到建立合理的容错纠错机制，如国务院国资委印发的《操作指引》即明确，要坚持解放思想、实事求是，积极稳妥统筹推进，鼓励探索、勇于实践，建立健全容错纠错机制，宽容在改革创新中的失误。2017 年，国家发展改革委、财政部等八部门联合下发的《关于深化混合所有制改革试点若干政策的意见》也明确要建立免责容错机制。地方上的探索则要更早，如上海、四川、湖南、山西、陕西、内蒙古、山东等地也都有跟进。此后，在混改操作指引规范中，中央及地方也都有进一步规定，如北京、广东等，主要内容见表 4。

表4　各地国企混改操作指引规范中的容错纠错机制

文件名称	内　容
《关于深化混合所有制改革试点若干政策的意见》	对于按规定程序和方式评估交易的国有资产，建立免责容错机制，鼓励国有企业推动混合所有制改革
山东省《关于省属国有企业发展混合所有制经济的意见》	建立容错和责任追究机制。推进混合所有制改革，要鼓励探索，鼓励创新，充分尊重基层首创精神，对有关单位和个人依法依规决策、实施有关改革措施未能实现预期目标的，给予充分包容
四川省《关于省属国有企业发展混合所有制经济的意见》	建立鼓励改革创新的容错机制，尊重企业首创精神，鼓励创新、鼓励探索、鼓励实践
《湖南省人民政府关于国有企业发展混合所有制经济的实施意见》	严格落实"三个区分开来"（把干部在推进改革中因缺乏经验、先行先试出现的失误和错误，同明知故犯的违纪违法行为区分开来；把上级尚无明确限制的探索性试验中的失误和错误，同上级明令禁止后依然我行我素的违纪违法行为区分开来；把为推动发展的无意过失，同为谋取私利的违纪违法行为区分开来，保护那些作风正派又敢作敢为、锐意进取的干部），建立混合所有制改革容错纠错机制
北京市《市属国有企业混合所有制改革操作指引》	市管企业在混合所有制改革过程中，应当建立科学合理的容错纠错机制，围绕自主创新和国企改革两个方面，科学界定容错纠错界限，鼓励企业领导人员勇于创新、锐意改革。对于按照规定履行民主决策、方案制定、审计评估、资产交易、办理交割登记、审核上报等程序，未发现牟取非法利益的混合所有制改革项目，可视为履行勤勉尽责义务，给予免责容错；对于违反决策程序和审批流程、超授权范围决策、造成国有资产损失的，应当严肃追究相关人员责任

（续表）

文件名称	内　容
《广东省省属企业混合所有制改革操作指引》	建立容错纠错机制。混改具有较强探索性和挑战性，涉及面广、政策性强、影响广泛、社会关注度高。省属企业要坚持解放思想、实事求是，积极稳妥统筹推进，鼓励探索、勇于实践，建立健全容错机制，宽容在改革创新中的失误，对于按照规定履行民主决策、方案制定、审计评估、资产交易、办理交割、审核上报等程序，未发现牟取非法利益、个人利益，未发现因违规经营投资造成国有资产重大损失或损失风险的混改项目，可视为履行勤勉尽责义务，给予免责容错

　　竞争性国企混改正在有序稳步推进，说到底混改还是需要人的发起，作为宽容性质的激励机制，容错纠错机制的合理合法构建必将为改革参与者留有充足的主观发挥空间。各地的实践对竞争性国企混改中容错纠错机制的构建很有借鉴意义，但梳理后发现，相关条款仅为形式化的笼统规定，标准各异，缺乏统一性，在混改实践中很难发挥实际激励作用。此外，不排除有些政策文件本身没有对容错纠错机制的具体适用进行明确规定。

第三章 | "改机制"之内部治理机制的
运行困境

第一节　内部治理机制：混合所有制企业公司治理机制

一、公司治理与治理结构

公司治理（Corporate Governance），又称企业管治、企业治理、公司管治，这个概念并非我国首创，而是"舶来品"，其泛指公司管理层对股东和利益相关者诚信勤勉，促进公司基业长青，创造股东价值并承担社会义务的哲学理念、制度安排和商业实践。❶公司治理问题研究至少可以追溯到伯利（Berie）和米恩斯（Means）的大作《现代公司与私有财产》，在这部著作中，两位作者对美国的主流公司进行大量的分析研究，之后得出了结论，即美国的公司已经不再是投资者所有，公司的控制权已经被转移到管理者手中，而管理者的利益与投资者的利益不同，由此产生了代理问题，这被称为公司治理问题的发端。❷1975年，威廉姆森（Williamson）在其出版的《市场与层级制：分析与反托拉斯含义》一书中提出了"治理机构"概念。❸此后，人们陆续提出"公司治理"的概念。那么，何为公司治理？当前，无论是

---

❶　刘俊海：《公司法学》，北京大学出版社2020年版，第228页。

❷　张宇、徐向阳：《公司治理：一个概念辨析》，《现代管理科学》2010年第6期，第96页。

❸　转引自王汉亮：《中国国有企业产权问题研究》，北京大学出版社2003年版，第128—129页。

经济学界还是法学界，都没有统一的概念界定，不过综观国内外，关于公司治理的观点很多，有不同理论学说，主要可以分为制度安排说、制衡经营者说。

　　制度安排说的代表人物是英国牛津大学教授柯林·梅耶（Colin Mayer），他把公司治理定义为"公司赖以代表和服务于它的投资者利益的一种制度安排"，根据该理论，公司治理的主要内容为配置和行使控制权，监督与评价董事会、经理人和职工，设计和实施激励机制。❶ "吴敬琏（1994）是最早提出公司治理概念的国内经济学家。吴敬琏认为，所谓公司治理结构，是指由所有者、董事会和高级经理人员三者组成的一种组织结构。在这种结构中，上述三者形成一定的制衡关系。通过这一结构，所有者将自己的资产交由公司董事会托管，公司董事会是公司的最高决策机构，拥有对高级经理人员的聘用、奖惩及解雇权；高级经理人员受雇于董事会，组成在董事会领导下的执行机构，在董事会授权范围内经营企业。" ❷ "张维迎（1996）认为，从狭义角度上讲，公司治理结构就是指有关公司董事会的功能、结构、股东权利等方面的制度安排。从广义上讲，公司治理结构是指有关公司控制权和剩余索取权分配的一整套法律、文化和制度性安排，这些安排决定了公司的目标，谁在什么状态下实施控制，如何控制，风险和收益将如何在不同企业成员之间分配这样一些问题。因此，广义的公司治理结构等同于企业所有权安排。" ❸ "林毅夫（1997）认为，公司治理结构是指所有者对经营管理和绩效进行

---

❶　江建平、刘嵘：《"公司治理"与"法人治理结构"辨析》，《产权导刊》2006年第10期，第61页。
❷　张宇、徐向阳：《公司治理：一个概念辨析》，《现代管理科学》2010年第6期，第97页。
❸　张宇、徐向阳：《公司治理：一个概念辨析》，《现代管理科学》2010年第6期，第97页。

监督和控制的一整套制度安排。"❶制衡经营者说，其本质上更多的是从公司治理的起因来考量，经济合作与发展组织认为："公司治理是提高经济效率的关键因素，它包含管理层、董事会、股东和其他利益相关者的一整套关系。公司治理决定了公司的架构，该架构决定了公司的经营目标，分配现有资源以达成目标，同时监督控制执行情况。良好的公司治理应该能形成适当激励，使得董事会和管理层能够作出有益于股东和其他利益相关者的决策，并提供有效监督，从而鼓励公司更加有效地利用资源。"❷再如，李维安（2002）认为，狭义的公司治理是指，所有者（主要是股东）对经营者的一种监督与制衡机制，即通过一种制度安排，来合理地配置所有者与经营者的权力与责任。❸

此外，这些学说可以从狭义与广义两个方面理解，这也是很多学者所认同的。狭义来看，公司治理仅指法人治理结构，即股东制约经营者权利的组织结构。公司治理本质上还是源于所有权与控制权相分离，作为所有者，股东当然地享有决策权，但鉴于专业管理知识有限、不直接参与管理经营所致的信息不对称等问题，其决策往往不科学。反之，经营者虽不享有剩余索取权，但其天然具备公司财产支配权，出于对自身利益最大化的追求，经营者作为内部人往往会单方控制公司，进而或多或少地损害了所有者及公司的利益。广义来看，公司治理不仅涉及股东对经营者的制衡，还涉及公司经营过程中的利害关系人，例如债权人、员工等，因此，公司治理不仅需要一种组织架构，还需要一种超越

❶ 王爱武：《混合所有制改革过程中国有企业公司治理问题研究》，中共中央党校 2018 年博士学位论文，第 16 页。
❷ 张宇、徐向阳：《公司治理：一个概念辨析》，《现代管理科学》2010 年第 6 期，第 96 页。
❸ 李维安、牛建波等编著：《CEO 公司治理》，北京大学出版社 2011 年版，第 14 页。

组织架构的治理机制。

当然，在整个治理机制中，法人治理结构应该是核心与关键，一般包括"如何配置和行使控制权"、"如何监督与评价董事会、经理人和职工"以及"如何设计和实施激励机制"3个方面。❶若把公司治理看成一个人体，那么法人治理结构就犹如人体的骨骼，在公司治理机制中发挥着"提纲挈领"的作用，为公司治理划定方向，指引着决策、管理、监督各环节良好运转。综览世界，关于法人治理结构的规范和构建，有英美传统的"股东至上"模式与"劳动控制"模式，欧洲的"共同决定"模式，日本的"经理协调"模式、"社会责任"模式及"共同治理"模式。❷这些模式基本可以分为两种核心导向，即"股东至上"导向与"利益相关者"导向，亦表现为"单边治理"与"共同治理"。"股东至上"导向为目前我国《公司法》的基本立法导向，顾名思义，是指公司治理以股东利益最大化为基本导向，从权力控制到利益索取。"利益相关者"导向则是公司治理模式演进和公司社会化程度加深的现实需要和实际结果，它主张公司治理不应仅对股东负责，还应对股东之外的其他对公司经营发展有影响或受到公司经营发展影响的利益相关者负责，可以说，"利益相关者"导向是对"股东至上"导向的挑战，但绝不是"非此即彼"，而是延续与发展。公司治理导向的本质是"经理应该对谁负责"的问题，"股东至上"导向的有效性是肯定的，但其有效性是有条件的，产生于物质资本相对稀缺，而人力资源相对丰富的时代，物质资本要素所有者在企业建立与运行过程中处于主动

❶　转引自王汉亮：《中国国有企业产权问题研究》，北京大学出版社2003年版，第17页。

❷　转引自王汉亮：《中国国有企业产权问题研究》，北京大学出版社2003年版，第138页。

地位，而人力资源要素所有者处于相对被动地位，于是"资本雇佣劳动"就成了必然的选择。❶

　　作为一般性公司治理导向，这两种导向也当然会直接影响竞争性国企混改的公司治理思路，竞争性国企混改背景下，坚持"股东至上"导向有一定的益处，竞争性国企混改的目标即通过引入非公有资本投资者，增强企业经营活力，形成混合所有制企业内部治理制衡机制，但更重要的是解决国有企业惯有的所有者缺位问题。众所周知，非公有资本尤其是民营资本，其所有者明确具体，内部人控制问题相对较少，基于此，国有企业引入非公有资本后，可以凭借股东明确具体的优势，解决国企内部人控制问题。但机械地坚持"股东至上"导向，同样会面临国有股一股独大的局面。当前的竞争性国企混改实践中，国有股仍处于控股状态，如此或将加快"股东至上"导向弊端的显露。而在竞争性国企混改中坚持"利益相关者"导向，则能很好地解决股东单一意思表示影响公司经营发展的问题，转而从产权角度加强了国有股东以外的主体参与公司经营决策的程度，对增强企业活力与提高企业效益大有裨益。此种共同治理也可称之为多头治理，在利益不一致时也势必会引发决策效率低下的问题，但这或许是"利益相关者"导向多重主体牵制与制衡的魅力所在，也是国企混改深入推进所应坚持的。

二、混合所有制企业治理的特殊性

　　鉴于国企混改的初衷是解决经营效率低下和国有资产流失等问题，相较于一般的公司治理，混合所有制企业的治理更强调股东多元化背景下的相互制衡与权力分立，其中最关键的即政企

---

❶　王明亮：《中国国有企业治理制度研究》，湖南师范大学出版社 2008 年版，第 36 页。

分离，而这也是市场化导向下国企混改的目标所在。此前，国企具有较大的政治优势，混改后，国企将以市场化方式运行，严格按照《公司法》的规定开展公司治理，适者生存、优胜劣汰、公平竞争的商业化模式将取代过往垂直任命管理、行政干预兜底的政府化模式。这具体表现在市场准入、企业经营及企业监管 3 个方面。

其一，市场准入方面。这主要是指混合所有制企业与市场中其他主体公平竞争的问题。市场竞争中，国有企业早已习惯以自身的政治优势去投资经营从而获得生存空间，市场垄断等不正当竞争现象一直存在。国企混改后，混合所有制企业将成为独立的市场主体，将打破过往国有企业拥有的市场垄断优势，混合所有制企业中的国有股东不应再过度干预企业生存方式，应充分放手任凭混合所有制企业基于市场法则去公平竞争、自负盈亏、自担风险。对于国有资产，则应由履行出资人职责的机构及国资委按照国资监管程序依法有序监管。

其二，企业经营方面。这主要表现为混合所有制企业中国有股东与非公有资本股东的博弈问题。公司治理中，话语权的掌控是核心，也是各方利益冲突之所在，不同于一般企业，混合所有制企业一方股东是政府作为出资人代表的国有企业，天然具备市场优势地位，因此，在引入非公有资本后，能否做到同股同权，能否确保非公有资本在公司治理中占有一席之地，并对企业的投资经营方针享有充分话语权，是混改实质性推进的关键。倘若政府之"手"依然伸得过长，干预了混合所有制企业独立的市场主体地位，那么非公有资本的话语权势必会减弱。因此，非公有资本话语权的取得，既源于自身作为股东的应然性权利，也依赖于《公司法》及相关国资监管法规对国有股东依法规范管理下实现的政企分离。

其三，企业监管方面。过往的国有企业受政府和国资委双重监督管理，以行政管控为主，国有企业的领导层同政府工作人员一样，受到纪律检查委员会的约束，实施混改后，含有国有资本的混合所有制企业应否继续受到政府和国资委的双重监督管理，混合所有制企业中国有股东的代表人应否继续受到纪律检查委员会的约束和监督，都将是值得探讨的问题。倘若国有股东代表人在混合所有制企业经营中触犯了同样的"红线"，其与参混的非公有资本管理人员是否基于相同的标准受到一致监管，其考核方式是行政考核还是公司内部治理考核，抑或行政与公司内部治理双重标准考核，仍未明确。究其本质，这里涉及的是国有企业员工在混改后的身份转换问题，当然，这也是国企混改后政企分离的表现之一。

三、混合所有制企业的法律界定

混合所有制企业的法律定性，是混合所有制企业依法接受国家监管、开展内部管理经营的前提和依据。谈及混合所有制企业的属性界定，应该首先明确混改后新经济体的组织形式是企业还是公司。众所周知，企业是指以营利为目的，自主经营、自负盈亏，综合运用资本、劳动力、土地、原材料等各种生产要素，向社会提供商品或服务的经济组织。根据不同的标准，企业分类也不同：基于投资人的出资方式和责任形式，企业可以分为个人独资企业、合伙制企业、公司制企业；基于资本来源，企业可以分为内资企业、外资企业以及港澳台商投资企业；基于所有制结构组成，企业可以分为全民所有制企业、集体所有制企业、私营企业和外商投资企业。显然，从概念范畴来看，企业是包含公司的，企业不一定是公司，但公司一定属于企业。不同于个人独资企业和合伙制企业的是，公司属于法人范畴，是最活跃的法人类型，具有独立的权利能力、行为能力、责任能力和诉讼能力。❶基于国企混改两大顶层设计《国有企业改革指导意见》和《发展混合所有制经济意见》，国有企业公司制改革目标陆续落地，由国有资本、集体资本、非公有资本等交叉持股的混合所有制经济组织，应该是具有独立法人地位的公司制企业，依据《公司法》开展管理经营。

　　法律主体是指在法律关系中享有权利、负有义务和承担责任的实体，主要包括自然人、组织和国家。❷作为社会关系的法律化，基于不同的规范标准，不同的法律关系调整的对象也是不同的，但此不同也应在基本的主体划分层面加以细化展开。比如自然人这一主体，在民事法律关系中，基于年龄及辨认能力的不同，可以区分为无民事行为能力人、限制民事行为能力人及完全民事行为能力人，并承担不同的法律后果；在刑事法律关系中，基于年龄及辨认或者控制自己行为能力的不同，法律主体应当负、可以负、不负刑事责任。考察混改主体，从民事法律关系上看，无疑是确定的，基于《民法典》相关规定，混合所有制企业以取得利润并分配给股东等出资人为目的而成立，应属于营利法人，具有一般性法人所具备的行为能力、权利能力、责任能力等。从刑事法律关系上看，《刑法》中有多个罪名涉及"国有公司、企业"，如受贿罪（第 163 条），非法经营同类营业罪（第 165 条），为亲友非法牟利罪（第 166条），签订、履行合同失职被骗罪（第 167 条），国有公司、企

---

❶ 刘俊海：《公司法学》，北京大学出版社 2020 年版，第 1 页。
❷ 张文显主编：《法理学》，高等教育出版社 2018 年版，第 154 页。

业、事业单位人员失职罪（第 168 条），国有公司、企业、事业单位人员滥用职权罪（第 168 条），徇私舞弊低价折股、出售国有资产罪（第 169 条），贪污罪（第 382 条），单位受贿罪（第 387 条），对单位行贿罪（第 391 条），私分国有资产罪（第 396 条），等等。那么，多种所有制资本交叉持股的混合所有制企业属于"国有公司、企业"吗？首先，毋庸置疑，混合所有制企业属于国有控股或参股公司，基于 2003 年 4 月 23 日发布的《财政部关于国有企业认定问题有关意见的函》，"国有公司、企业"应当包含各类全民所有制企业、公司（《公司法》颁布前注册登记的非规范公司），以及《公司法》颁布后注册登记的国有独资公司，由多个国有单位出资组建的有限责任公司和股份有限公司，也应涵盖国有控股企业。但该函同时认为，对国有股处于相对控股地位的企业，因股权结构、控制力的组合情况相对复杂，如需纳入"国有公司、企业"范畴，须认真研究并提出具体的判断标准。2010 年 11 月 26 日，最高人民法院、最高人民检察院联合印发了《关于办理国家出资企业中职务犯罪案件具体应用法律若干问题的意见》，该意见明确规定国有公司、企业与国有控股、参股公司、企业是并列主体，这间接说明了《刑法》中的国有公司、企业仅限于国有独资公司、企业。但从司法适用角度来看，在刑事审判指导案例 1234 号"工商银行神木支行、童某等国有公司人员滥用职权案"中，法院从资产性质、罪名设置以及法益保护等角度分析，认为对私分国有资产罪与单位受贿罪中的"国有公司、企业"均应作限制解释，即仅指国有独资公司、企业。同时认为，虽然国有控股、参股公司、企业集体私分国有资产的行为不能被认定构成私分国有资产罪，但并不意味着不构成其他罪。如果国有控股、参股公司、企业的工作人员违反国家规定，以单位名义将国有资产集体私分给个人，造成公司严重损失，致使国家利益遭受重大损失的，依然可以构成国有公司、企业人员滥用职权罪。由此可以看出，司法实践中，除私分国有资产罪与单位受贿罪外的其他罪名，还是将国有控股、参股公司、企业认定为国有公司、企业。

此外，若混合所有制企业中国有股东的代理人或代表人涉嫌刑事犯罪，能否被归为受贿罪的主体"其他国有单位中从事公务的人员和国有公司、企业或者其他国有单位委派到非国有公司、企业以及其他单位从事公务的人员"，以及贪污罪的主体"受国家机关、国有公司、企业、事业单位、人民团体委托管理、经营国有财产的人员"？2001年5月22日通过的《最高人民法院关于在国有资本控股、参股的股份有限公司中从事管理工作的人员利用职务便利非法占有本公司财物如何定罪问题的批复》规定，在国有资本控股、参股的股份有限公司中从事管理工作的人员，除受国家机关、国有公司、企业、事业单位委派从事公务的以外，不属于国家工作人员。由此推断，国有控股公司不属于私分国有资产罪中的"国有公司"。如果认为国有控股、参股公司、企业属于国有公司、企业，那么该公司、企业中从事管理工作的人员当然属于国家工作人员，而无须附加国家机关、国有公司、企业、事业单位委派从事公务的认定条件。根据2005年7月31日通过的《最高人民法院关于如何认定国有控股、参股股份有限公司中的国有公司、企业人员的解释》的规定，只有国有公司、企业委派到国有控股、参股公司、企业从事公务的人员，才能以国有公司、企业人员论。

第二节 控制权

前文已述，"如何配置和行使控制权"是法人治理结构的核心与关键。控制权既涉及特定控制权，又包括剩余控制权。产权决定企业治理结构，其本质是将企业的剩余索取权与剩余控制权在股东与经营者之间进行有效配置，提高企业经营效率。[1]在公司治理中，股权作为重要的产权形态，为出资人所享有，可以说，股权将在很大程度上影响甚至决定公司治理结构中的控制权安排。

一、股权比例差异化设计是难题

股东是公司法律关系中的核心主体，其拥有股东权，作为重要的民事权利，从狭义上来理解，股东权是指股东基于股东资格、依据《公司法》和章程规定而享有的，从公司获取经济利益并参与公司治理的权利。[2]基于股东的核心地位，股东权也应是公司治理中的核心权利，直接影响董事会、监事会及经理层的行为。由此，在混合所有制企业中进行合理的股权比例设计至关重要，而这也是竞争性国企混改尽力以求实现的，即解决股权结构失衡问题，提高国有企业经营效率。

虽然《国有企业改革指导意见》和《发展混合所有制经济

---

[1] 王汉亮：《中国国有企业产权问题研究》，北京大学出版社 2003 年版，第 17 页。

[2] 刘俊海：《公司法学》，北京大学出版社 2020 年版，第 125 页。

意见》两大政策文件中明确"宜控则控，宜参则参"，但在当前已经开展的混改实践中，国有股的比例仍然居高不下，占据控制地位。例如，上海市国企混改试点企业定向增发，引入弘毅资本作为战略合作伙伴，弘毅资本持股 12.4%，锦江酒店则持股 50.32%；2014 年 12 月，湖南省第一家实行混合所有制改革的上市公司华天酒店推出新版非公开增发预案，宣布引入民营资本华信恒源，次年 11 月定增完成，华信恒源以现金投入 16.53 亿元成为华天酒店第二大股东，其持股比例为 29.44%，华天集团将持有本公司 32.48% 股份，仍为公司控股股东，公司实际控制人仍为湖南省国资委；中国联通集团通过混改引入了多家民营资本，但民营资本所占股权比例较低，出资最多的百度和腾讯分别只占不足 5% 的股份；东航物流作为国家民航领域混改试点首家落地企业，率先实现股权多元化，东航集团（45%）、联想控股（25%）、普洛斯（10%）、德邦物流（5%）、绿地集团（5%）及核心员工（10%）分别持有公司部分股份，混改后东航集团仍是东航物流公司第一大股东，保持相对控股地位。国务院发展研究中心与世界银行于 2004 年共同主持了一项涉及近 1000 家改制国有企业的问卷调查，结果显示，近 70% 的改制企业的第一大股东仍然为国有股东，它们的平均持股比例高达 60% 以上，这样由国有股一股独大的股权结构对于公司治理转型和市场化经营机制的形成十分不利。❶如今，在国企混改实践中，国有股一股独大的局面仍未改变，这也显示出既往国企改制的惯性问题。

　　总体来看，公司的股权比例设计无非 3 种情况，一股独大（股权高度集中，存在绝对控股股东）、相对均衡（存在较多的相

❶　张文魁等：《混合所有制与现代企业制度：政策分析及中外实例》，人民出版社 2017 年版，第 29 页。

对控股股东)及较为分散(股权高度分散,无实际控制人)。从混改开展拟实现的目标来看,乃欲借助引入非公有资本,从而在股权多元化基础上实现股权结构优化,打破原有的国有股一股独大局面,降低国有股东持股比例,由此,一股独大的制度设计并不适合国企混改实践,尤其是竞争性国企混改。而相对均衡或者较为分散的股权结构设计看似更有利于实现国企混改目标,但还需注意的是,并不能想当然地认为相对均衡或者较为分散的股权结构就是各方所持股权比例相同。众所周知,国有资本与非公有资本的形成背景各不相同,市场目标也不尽一致,尽管在政策推动以及各种市场因素的影响下融合到一起,但倘若真正对等分配股权,则极易导致在个别投资决策事项上出现治理僵局,如此虽实现了股东制衡,但也牺牲了公司经营效率。当然,均衡股权设计并非决然不妥,只要能够对其可能产生的治理僵局风险加以规避,就可以尝试。竞争性国企混改实践中也有不少案例,比如,云南省国资委100%控股的云南白药控股有限公司在混改中以增资扩股方式吸收民营企业新华都实业集团股份有限公司(以下简称"新华都")进入,云南省国资委与新华都各持股50%,但为了防止双方出现僵局,又引入民营企业江苏鱼跃科技发展有限公司(以下简称"江苏鱼跃")作为小股东(持股10%),形成了云南省国资委与新华都各持股45%的局面,在两方僵持的情况下江苏鱼跃可以投出关键性一票。此后,上市公司云南白药集团股份有限公司(以下简称"云南白药集团")吸收合并云南白药控股有限公司,云南省国资委与新华都的持股比例依然相同,各自持股25.10%。这种模式也被称为"均不控制""共存共进"的股权模式。公司治理结构上,在董事会层面,新华都、云南省国资委分别派出2名董事,江苏鱼跃派出1名董事;在董事长层面,一方面由原云南白药集团党委书记担任董事长，另一方面由新华都创始人陈发树担任联席董事长，两者均拥有实权。再比如，重庆市泽胜船务（集团）有限公司混改后，中国航油集团物流有限公司（以下简称"中国航油"）和重庆泽胜投资集团有限公司（以下简称"泽胜集团"）各持股 50%，但一方控制董事会，另一方控制经营层，以达到相互制衡的效果。董事会共 7 人，中国航油提名 4 人（含 1 名董事长），泽胜集团提名 3 人（含 1 名副董事长）；监事会由 3 人组成，中国航油与泽胜集团分别提名 1 人，中国航油提名人选为监事会主席，外加 1 名为职工监事；经营管理层面，由泽胜集团提名总经理、2 名副总、安全总监，中国航油则提名 1 名副总和财务总监。

当然，股权分散也要把握好"分散度"，倘若过于分散，则容易造成无实际控制人的现象，尽管无实际控制人的治理结构更容易实现企业市场化，更符合竞争性国企的"口味"，但这也存在股东利益"无人照管"的问题，无法抑制内部人控制现象的发生，也会影响竞争性国企混改的实际效果。"万科的股权之争的根本原因是高度分散的股权结构。万科从创立之初就一直坚持股权分散的制度，虽然在一定程度上使各方权利得到了制衡，但是分散化的股权结构却一再使公司陷入危机中。……万科 1993 年上市之初持股比例前十名的股东持股数和持股比例，可以看到前十名股东中除刘元生是公司发起股东之一，持 A 股占比 2.75%，还有万科企业职工集体股占比 2.16%，其他股份都是由不同公司持有。持有股份最多的深圳新一代实业有限公司也只占据 6.5%，属于高度分散的股权结构，没有控股股东和实际控制人。……万科创立之初董事会、监事会成员共 17 名，持股总数为 20,400 股，占总股数的 0.011%。微弱的持股比例使得这些创始董事和监事在

股东大会上，几乎没有投票权。……2015 年 7 月 10 日宝能系和
万科的正式争夺战宣战之前（7 月 3 日）万科持股比例前十大的
股东，华润持股比例也只有 14.89%，离真正控股的 50% 或保障
自身的 30% 都还太遥远。"❶

二、章程需要合理化设计

从契约角度来看，作为公司股东意思自治的平台，混合所有制
企业章程制定的合理程度至关重要，它将决定公司设立是否成功以
及公司运转是否顺利。考察《公司法》规范以及混合所有制企业股
东组成的特殊性，混合所有制企业的章程设计有两个难题：其一，
章程设计不清晰。《公司法》中多处明确了"由公司章程规定"的
情形，比如，有限责任公司董事长、副董事长的产生办法由公司章
程规定，股东会的议事方式和表决程序，除《公司法》有规定的之
外，由公司章程规定，等等，由此，章程在法律允许范围内对公司
治理具有不可替代的作用。若各方股东未对此予以重视，章程规定
得不清晰具体，仅在形式上满足公司行政登记材料的基本要求，则
会导致章程与《公司法》均无法规范公司治理，章程也就丧失了其
应有的公司治理价值。其二，存在被国有股东滥用、损害非国有股
东利益的风险。前文已述，政企不分是混合所有制企业治理的难题
和痛点。其实，在控制权安排上，国有企业也可能存在政府干预等
情形。竞争性国企混改以引入非公有资本投资者为基本方式，双方
协商一致达成合意是混改的关键。倘若在双方商谈章程制定时，国
有股东基于自身优势地位设定一些不利于非国有股东权益保障的
条款，一方面会打击非国有股东参与国企混改的信心，另一方面也

---

❶　兰梦灵：《股权分散化的不利影响及应对策略——以万科股权之争为例》，《新会计》
2017 年第 8 期，第 21—22 页。

不利于混合所有制企业的合法有效治理，会阻碍国企混改的顺利开展。

　　公司章程有实质意义与形式意义之别：实质意义上的公司章程是指规范公司组织和活动的根本准则；形式意义上的公司章程则指记载此种规则的书面文件。❶《公司法》已经明确，设立公司应当依法制定公司章程，公司章程对公司、股东、董事、监事、高级管理人员均具有约束力。公司章程，俗称公司内部小宪法，是股东之间协商一致的产物，各股东应受此约束，公司整个生命周期内的运行活动都受其规范。就原始股东而言，在多数资本的意志根据资本多数决原则被拟制为公司意志的情况下，个别股东即使反对公司章程中的某些内容，若公司章程内容不违反法律法规、公序良俗原则与公司本质，个别股东仍应受章程约束，并享受章程赋予的权利与利益。❷《操作指引》明确规定："混合所有制企业要完善现代企业制度，健全法人治理结构，充分发挥公司章程在公司治理中的基础性作用。"制定公司章程是公司设立程序的开始，非国有股东与国有股东真正"搭伙过日子"即始于此。一般来看，公司章程记载事项分为绝对必要记载事项、相对必要记载事项以及任意记载事项，我国《公司法》对有限责任公司和股份有限公司公司章程的绝对必要记载事项作出规定，也规定了股东会或股东大会认为需要规定的其他事项，即任意记载事项，但没有规定相对必要记载事项。绝对必要记载事项中，包含公司名称和住所，公司经营范围，公司注册资本，股东的姓名或名称，股东的出资额、出资方式和出资日期，公司的机构及其产生办法、职权、议事规则，公司法定代表人的产生、变更办法，

❶　刘俊海：《公司法学》，北京大学出版社 2020 年版，第 62 页。
❷　刘俊海：《公司法学》，北京大学出版社 2020 年版，第 63 页。

公司的解散事由与清算办法，等等，其核心即股权结构和治理格局，而这些也恰恰是国企混改中国有股东与非国有股东极为关注且有待着重探讨的事项。公司章程中股东之间权利与责任的安排将直接影响公司治理效率，鉴于国有资产审计等特殊要求，国有股东除了受《公司法》约束，还要受诸多相应监管，这些特殊管理事项也会影响非国有股东的相关利益，非国有股东应有知悉的权利。因此，应完善公司章程这一各方意思自治载体，充分研讨章程内容，明晰各方的权利和责任，也使其成为非国有股东保护自身权益、寄托混改希望的阵地。

第三节　决策权

一、股东大会中心主义与产权改革导向相悖

当前，我国《公司法》的立法导向仍是股东大会中心主义，即股东大会是公司这一经济性市场化组织的最高权力机关，对公司的经营方针和投资计划，年度财务预算方案、决算方案，选举和更换非由职工代表担任的董事、监事等享有决定权，董事会负责执行股东大会的决议。的确，在竞争性国企混改中坚持股东大会中心主义，一方面可以强化非国有股东基于混合所有制企业股东身份应享有的所有者权利，一定程度上规避了国有企业此前惯存的所有者缺位等问题带来的损害，但也从另一方面激发了"政

府之手"合法性的干预行为。股东大会中心主义最大的问题在于对董事会授权不够，而该问题在竞争性国企混改中会被无限放大。不同于所有权改革导向，在竞争性国企混改坚持多元化产权改革导向背景下，公司治理不仅要考虑股东利益，还要考虑相关者的利益，公司治理导向也将实现从单一治理到共同治理的转变。区分股东大会中心主义与董事会中心主义的标准有二：一是哪一机构享有经营管理公司的实质决策权（如是否引进授权资本制）；二是立法没有明确列举的剩余权力由谁行使。❶以强调各方参与的董事会为经营决策中心，也反映出股东大会中心主义日益受到质疑，"企业公民"（Corporate Citizenship）理论逐渐被认可。"企业公民"理论超越了以往企业只对股东负责的范畴，强调企业对包括股东、员工、客户、社区等在内的利益相关者的广泛的社会责任。❷

此外，竞争性国企混改的目的在于通过引入非公有资本投资者，激发企业活力，解决所有者缺位、内部人控制等问题，这些问题的解决关键在于非公有资本投资者以非国有股东身份进入混合所有制企业董事会，参与经营与决策，而非简单地作为股东参与企业治理。其因在于，一方面，随着社会分工细化，企业经营风险提高，企业所有权与经营权相分离，董事会逐渐掌握经营决策权是大势所趋；另一方面，与传统国有企业相比，混合所有制企业的经营范围、经营活动都将变得更为复杂，经营的专业性也要求更高，且国有股东代表本身大都不及非国有股东专业，经营决策权向董事会转移亦为现实需要。

---

❶ 刘俊海：《公司学》，北京大学出版社 2020 年版，第 233 页。
❷ 罗虎：《中国特色现代国有企业制度创新研究——兼论中国"国企模式"的形成、内涵和发展》，社会科学文献出版社 2016 年版，第 141 页。

二、董事会决策失灵

董事会是现代公司治理结构的核心，以前的国有独资企业没有建立真正意义上的董事会，其中的公司治理机制常常被学者称为"一种内部人控制和党政机关行政干预的混合物"[1]。在国有资本与非公有资本混合而成的混合所有制企业中，董事会是存在的，但由于双方市场优势地位、价值目标、风险承担能力等不同，一旦对投资经营决策等产生争议，董事会的决策功能或将处于失灵状态。比如在同兴药业有限公司（以下简称"同兴药业"）与广州王老吉药业股份有限公司（以下简称"王老吉药业"）申请破产清算案中，地方性国企王老吉药业隶属于广州市国资委，同兴药业作为民营企业入股王老吉药业，与国有控股公司广州白云山医药集团股份有限公司（以下简称"白云山公司"）各占48.0465%股份，剩余3.9070%股份为职工股。经营中，王老吉药业与加多宝集团发生纠纷，同兴药业的董事长王健仪也是加多宝集团的名誉董事长，2013年股东矛盾激化，白云山公司控制王老吉药业单方设立"行政班子暨党政联席会议"，擅自停止了财务中心总经理职务，同时设立"应急维稳管理委员会"负责公司生产经营，导致公司运行机制完全失灵。2014年，白云山公司成立"临时管理委员会"取代合资企业董事会、行政班子职能，致使公司完全陷于僵局状态。[2]

上述案件中，国有股东白云山公司凭借自身地位及资源优势破坏了公司治理机制的正常运行。其实，当前竞争性国企混改

---

[1] 罗虎：《中国特色现代国有企业制度创新研究——兼论中国"国企模式"的形成、内涵和发展》，社会科学文献出版社2016年版，第145、149页。

[2] 参见广东省高级人民法院（2015）粤高法民二清（预）终字第1号民事裁定书。

实践中仍然存在的国有股一股独大局面，也会在特定情形下成为混合所有制企业董事会难以依法行权的隐性障碍，这主要表现为两方面：一方面，《公司法》允许公司章程就股东会与董事会法定职权外的其他职权进行约定，在国有企业政企难分的现实背景下，政府可能会过分干预公司章程对股东会与董事会的权责分配等，如此势必会影响董事会依法行权；另一方面，基于《公司法》，董事会成员一般由股东会选举产生，鉴于当前竞争性国企混改实践中国有股一股独大的局面依然存在，可能出现国有股东在董事会组成人数上占优，董事长由国有股东派出进而控制董事会的情形。

第四节　经营权

一、国有股一股独大将导致经理人滥用职权

当前，竞争性国企混改实践中，国有股东大多处于绝对控股或相对控股状态，凭借混合所有制企业中董事长产生的特殊机制，控制权与决策权集中于大股东，进而影响董事会的经营决策，甚至决定经理人的选拔任用。加上国有企业惯存的所有者缺位问题，国有股东作为大股东并不能很好地监督经理人，以致公司治理"真空"，为内部人控制大开方便之门，郑志刚教授将此

称为"中国式内部人控制"❶，以区别于英美等国公司治理实践中出现的内部人控制问题。与中国不同，英美等国的公司股权极为分散，且希望通过不断给予股权来协调经理人和股东之间的利益冲突，以致经理人持股比例越来越高，产生外部监管失效的内部人控制问题。郑志刚教授专门列举了恒丰银行原董事长蔡国华被查一案，恒丰银行股权多元化程度、国际开放程度以及股权制衡程度较高，在股份制商业银行中堪称典范，但恰恰是受第一大股东委派、代表国资委来履行国有资产监管职责的董事长掌握了控制权，形成了"壕沟防守效应"。

同样地，在全国首批、江苏省首家由国网江苏省电力有限公司、大航控股集团有限公司、协鑫智慧能源（苏州）有限公司共同出资设立的混合所有制扬中高新区配售电有限公司中，国网江苏省电力有限公司持股 51%，大航控股集团有限公司持股 39%，协鑫智慧能源（苏州）有限公司持股 10%，股权比例设计还算合理，但董事会 7 人中，国网江苏省电力有限公司、大航控股集团有限公司、协鑫智慧能源（苏州）有限公司的董事代表人数分别为 4 人、2 人、1 人，经营层设置总经理 1 人、副总经理 1 人、财务总监 1 人，董事长（兼法人）、总经理、财务总监均由国网江苏省电力有限公司派员担任。董事长及主要高管均由国有股东委派，大航控股集团有限公司、协鑫智慧能源（苏州）有限公司对公司的经营并无实际控制权。毫无疑问，在竞争性国企混改背景下，引入非公有资本投资者能有效解决传统国有企业存在的所有者缺位、内部人控制等问题，但当前混改实践中特殊的董事长产生机制、董事会组成机制仍可能会导致部分高管滥用手中控制

---

❶ 郑志刚：《国企混改：理论、模式与路径》，中国人民大学出版社 2020 年版，第 46—51 页。

权损害股东权益。

二、职业经理人制度缺失

职业经理人早已有之，职业经理人制度也早已在国内外被讨论。时至今日，国企混改全面开展，职业经理人制度被再次提及。一般认为，该制度起源于 1941 年的美国马萨诸塞州，当时两列货运火车相撞，雇主的经营能力遭到质疑，州议会介入后，认可并支持独立于雇主的专业人员从事专业调度工作。此后，随着工商经济发展，职业经理人制度在美国迅速发展，其他国家也纷纷效仿，但我国一直未形成稳定的职业经理人制度。建立职业经理人制度是国企混改的关键，发展混合所有制经济要建立科学合理的选人用人机制，加快建立职业经理人制度。[1] 国企混改背景下，职业经理人制度的推行，将有助于混合所有制企业真正走向市场，也可在一定程度上去行政化，降低政府通过国有股东对混合所有制企业进行干涉的力度，实现政企分离。

然而，当前我国职业经理人制度仍处于缺失状态，2013 年《全面深化改革决定》中"推动国有企业完善现代企业制度"部分强调，"健全协调运转、有效制衡的公司法人治理结构。建立职业经理人制度，更好发挥企业家作用"[2]，这也是中央层面首次提出建立职业经理人制度的任务。此后，2015 年《国有企业改革指导意见》再次明确："建立国有企业领导人员分类分层管理制度。……推行职业经理人制度，实行内部培养和外部引进相结合，畅通现有经营管理者与职业经理人身份转换通道，董事

---

[1] 李政：《如何有效推进国企混改》，《经济参考报》2019 年 5 月 20 日，第 A07 版。

[2] 《中共中央关于全面深化改革若干重大问题的决定》，中央人民政府网站，https://www.gov.cn/zhengce/2013-11/15/content_5407874.htm，最后访问日期：2024 年 2 月 14 日。

会按市场化方式选聘和管理职业经理人，合理增加市场化选聘比例，加快建立退出机制。"❶ 其实，职业经理人制度的探索在实践中早已开展，比如东方航空物流股份有限公司（以下简称"东航物流"）所有参加混改的人员都需转换国企人员身份，与东航物流解除劳动合同，再与其签订完全市场化的新合同，积极推进职业经理人制度，建立相应的选聘、考核、奖惩和退出机制。2018 年 12 月 14 日，广州汽车集团股份有限公司发布第五届董事会第 9 次会议决议公告，披露审议通过了《关于实施公司职业经理人方案的议案》，同意实施公司职业经理人方案。该方案也已经广州市国有资产管理工作联席会议审议通过，广州市国资委批准实施。❷

2020 年 1 月 22 日，国务院国有企业改革领导小组办公室发布了《"双百企业"推行经理层成员任期制和契约化管理操作指引》和《"双百企业"推行职业经理人制度操作指引》，后者对职业经理人的概念、范围、职责以及操作流程作出具体规定，同时对职业经理人"市场化选聘、契约化管理、差异化薪酬、市场化退出"各环节操作要点作出针对性规定。这两份文件对混合所有制企业推行职业经理人制度有一定的借鉴意义。《"双百企业"推行职业经理人制度操作指引》明确支持鼓励主业处于充分竞争行业和领域的入围企业加快推行职业经理人制度。市场化背景下，竞争性国企应当先行探索，从选聘程序、考核主体、薪酬安排、退出机制等方面细致构建职业经理人制度。当然，也可先行探索

---

❶ 《中共中央、国务院关于深化国有企业改革的指导意见》，中央人民政府网站，https://www.gov.cn/zhengce/2015–09/13/content_2930440.htm?eqid=9c4038cb0004e664000000046465afa7，最后访问日期：2024 年 2 月 14 日。

❷ 《广汽集团混改中谋变 职业经理人制度探索国企新未来》，搜狐网，https://www.sohu.com/a/282285132_146550，最后访问日期：2020 年 12 月 16 日。

地方试点，允许部分省市出台建立混合所有制企业职业经理人制度的试点意见，条件成熟后，总结经验，在全国有序推行。

三、国有资本与非公有资本分别任职或出现治理僵局

为实现相互制衡，提升混合所有制企业的经营效率，在竞争性国企混改实践中，出现了国有资本与非公有资本分别任职的情况，重大事项必须由双方协商一致决策。分别任职一般包括两种情形：其一，分别任职董事长和总经理。比如，2008 年，中国航油与泽胜集团合资成立重庆市泽胜船务（集团）有限公司，董事长由中国航油提名，泽胜集团提名总经理、2 名副总与安全总监，中国航油提名 1 名副总与财务总监。❶ 其二，一方任职董事长，另一方任职联席董事长。比如云南白药控股有限公司混改中，一方面由原云南白药集团党委书记担任董事长，另一方面由新华都创始人陈发树担任联席董事长，两者均有实权。无疑，这样可以使股东之间彼此牵制，但在投资决策时也容易出现互不相让的局面，甚至出现另类治理僵局。

治理僵局一般出现在以制衡为目的的股权对等设计情形下，鉴于国有股东与背景复杂的外部投资者在投资决策关注重点、体制机制等方面差异较大，一旦双方难以达成统一意见，将引发耗时费力的"拉锯战"，反而降低公司的经营效率。然而，目前国有资本与非公有资本分别任职的情况依然可能导致治理僵局，不同于股权对等造成的治理僵局，分别任职情况下，不仅股东间投资经营决策方向和目标有所区别，而且国有股东和非国有股东派出的代表在面对重大决策时考量的因素也会不同，国有股东鉴于

---

❶ 《混合所有制的"中国航油模式"》，凤凰网，https://news.ifeng.com/a/20140613/40719270_0.shtml，最后访问日期：2021 年 1 月 20 日。

自身身份的特殊性，在投资经营方面更多地考虑投资风险，决策趋于保守，而非国有股东更多地考量投资收益，决策趋于主动其至冒险。由此，可能会出现决策难以有效作出，或者决策作出后难以有效执行与落实的别样治理僵局。

第五节　监督权

一、党组织政治监督需与董事会决策制度有效协调

董事会与党组织的关系处理源于国企混改后新、老三会（新三会是指股东会、董事会、监事会，老三会是指党委会、职代会、工会）职能的对接与冲突。基于中共中央办公厅、国务院办公厅印发的《关于进一步推进国有企业贯彻落实"三重一大"决策制度的意见》，国有企业和国有控股企业中，重要人事任免应当事先征求国有企业和履行国有企业出资人职责机构的纪检监察机构的意见。董事会、未设董事会的经理班子研究"三重一大"（重大决策、重要人事任免、重大项目安排和大额度资金运作）事项时，应事先与党委（党组）沟通，听取党委（党组）的意见。从形式上看，党委（党组）研究讨论是国有控股企业"三重一大"事项决策的前置程序，其履行的是决策职能，但实际上更多的是发挥监督作用。此意见规范下，党委（党组）在国有控股的混合所有制企业决策中拥有较大话语权，而反观基于市场化导

向成立的混合所有制企业，则严格执行董事会决策制度，况且党委会的议事方式与董事会明显不同，党委会坚持"集体领导、民主集中、个别酝酿、会议决定"的议事和决策制度，少数服从多数，董事会则实行董事独立投票制度，一人一票。

《国有企业改革指导意见》多次提到要把加强党的领导和完善公司治理统一起来，充分发挥国有企业党组织政治核心作用。《发展混合所有制经济意见》也指出要规范企业股东（大）会、董事会、经理层、监事会和党组织的权责关系。无疑，国有控股的混合所有制企业中，党委会决策制度将有助于混合所有制企业的稳定运行以及国有资产的保值增值，实现混合所有制企业治理中的多样化监督。作为受《公司法》调整的董事会决策制度也充分体现了市场化导向，实现了各股东之间的意思牵制，有助于提升企业经营效率。竞争性国企混改后，混合所有制企业的治理机制理应按照《公司法》的规定有序运行，但为了防范国有资产流失，代表国家意志的党组织所进行的政治监督必不可少，由此，两种决策制度在国有控股的混合所有制企业中如何协调将是值得探究的问题，清晰界定党委（党组）讨论事项范围，决策失误情形下与董事会的责任分担等将是极为必要的。

二、董监难以真正依法监督

从公司治理结构来看，董事会与监事会都具有监督职能。源于对董事长及经理人的选举与聘任，董事会天然地具备监督职能，监事会则是公司的法定监督机关，负责监督公司财务，董事、高级管理人员执行公司职务的行为，对董事会决议事项提出质询或者建议，等等。考察当前竞争性国企混改实践，混合所有制企业中董事会发挥的监督作用较小，国有控股企业的国有股东在董事会中占有较多席位，在职业经理人制度缺失的背景下，经理人都由董事会任命，实践中一般为国有股东派员担任。比如前文所述的扬中高新区配售电有限公司，其董事长（兼法人）、总经理、财务总监均由大股东国网江苏省电力有限公司派员担任，如此董事会的监督力度可谓几乎没有。国有参股企业中，非公有资本虽在董事会中占有较多席位，但经理层的聘任无非由双方决定，若由非公有资本一方决定，则企业处于自己监督自己的状态，董事会难以发挥监督作用，若由国有资本一方决定，鉴于国有股的强势地位，其监督效果也难以期待。

鉴于监事成员独立性有限，监事会的监督问题早已被人诟病，我国《公司法》明确，无论是有限责任公司还是股份有限公司，监事会成员为3人以上，且应当包括股东代表和适当比例的公司职工代表。如前文所述，在混合所有制企业中，无论是国有控股还是国有参股，若没有合理的制度设计，监事会对董事及高管的监督效果较差之问题将被无限放大。

第四章 | "改机制"之外部治理机制的
运行困境

第一节 外部治理机制：国资监管体制

一、国有资产的界定

国有资产的审计评估是竞争性国企混改的关键环节，对国有资产进行界定和鉴别也是防范其流失进而实现保值增值的基础。国有资产，是指属于国家所有的一切财产和财产权利的总和。广义上国有资产是指国家依据法律取得或者由于资金投入、资产收益、接受馈赠而形成的一切资产及其权益，泛指依法归国家所有的一切财产，包括资源性国有资产、行政事业性国有资产和经营性国有资产；狭义上国有资产仅指经营性国有资产，是国家作为出资者在企业中依法拥有的资本及其权益，包括企业国有资产，行政事业单位占有、使用的非经营性资产中，通过各种形式为获取利润转作经营的资产，以及国有资源中投入生产经营过程的部分。❶

由此，在鉴别某财产或资产是否属于国有资产时，我们不妨遵照以下思路进行判断：其一，判断占有主体，相关资产是否为或应当为全民所有制企业（含全民所有制企业中的党、团、工会组织等）所占有；其二，判断出资主体，是否有代表国务院或地方人民政府履行出资职责、享受出资权益之主体；其三，判断出

---

❶ 顾功耘等：《国有资产法论》，北京大学出版社 2010 年版，第 4—5 页。

资方式，是否通过拨款、投资、入股等任一方式出资；其四，判断收益来源，相关财产或资产可生、所生收益、价值是否来源于上述主体出资；其五，判断资产性质，是否属于经国家批准留给企业作为增加投资的部分税后利润，以及从税后利润中提取的盈余公积金、公益金和未分配利润等，是否不属于以个人名义缴纳的党费、团费、会费，以及按国家规定由企业拨付的活动经费等结余购建的资产；其六，判断是否为全民所有制企业接受馈赠的资产。

竞争性国企混改中，国资监管体制向以管资本为主转变，我们在混改中所谈论的国有资本显然应是狭义上的经营性国有资产，即投入企业生产经营或者按企业要求经营使用的国有资产，也是防范流失的主要对象。相较于非经营性国有资产，经营性国有资产具有作为生产要素用于生产经营，主要由企业占有、使用，以市场配置为主，以及经营方式多样化和增值性等特征。❶本书中，国有资产仅指经营性国有资产。

二、国资监管体制的历史演进

国企混改从根本上说是一种资本逻辑的改革。从过去的管人、管事、管资产相结合，到以管资本为主，国资监管体制发生了变化，改革国有资本授权经营体制是国企混改顺利推进的前提。❷顾名思义，国资监管体制是指关于国有资产监督和管理对象、程序、主体机构设置及权责等一系列制度的总和。1949 年新中国成立后到改革开放，我国实行高度集中的计划经济体制，政府统一经营全民所有制企业，下达生产指标，统一调配生产资

---

❶ 屈茂辉：《中国国有资产法研究》，人民法院出版社 2002 年版，第 6—7 页。

❷ 李政：《如何有效推进国企混改》，《经济参考报》2019 年 5 月 20 日，第 A07 版。

料，企业并无经营自主权，亦无独立的资产管理权，仅表现为笼统的企业管理。改革开放后，我国开始改变计划经济体制，给予企业更多的经营自主权，调整政府与企业的权责利关系，以理顺政企关系、促使政企分离为目标，先后实施放权让利、利改税、两权分离、股份制与公司制改革政策，甚至包括后来设立国有资产监督管理委员会等。当然，在此期间企业组织形式、产权结构也发生了改变，国有资产主体越来越多样，如国有独资企业、国有独资公司、国有资本控股公司和国有资本参股公司等，国资监管体制也实现了从管人、管事、管资产到以管资本为主的转变。

全面深化改革背景下，2013 年《全面深化改革决定》提出"完善国有资产管理体制，以管资本为主加强国有资产监管，改革国有资本授权经营体制，组建若干国有资本运营公司，支持有条件的国有企业改组为国有资本投资公司"❶，基于国有资产管理体制中依然存在的政企不分、政资不分等问题，以及国有资产监管中尚存的越位、缺位、错位现象，2015 年国务院发布了《关于改革和完善国有资产管理体制的若干意见》，再次明确推进国有资产监管机构职能转变，改革国有资本授权经营体制，改组组建国有资本投资公司、运营公司，明确界定国有资产监管机构与国有资本投资公司、运营公司，国有资本投资公司、运营公司与所出资企业的关系。此后，"管资本"相关政策文件，如《国务院办公厅关于转发国务院国资委以管资本为主推进职能转变方案的通知》《改革国有资本授权经营体制方案》《国务院国资委关于以管资本为主加快国有资产监管职能转变的实施意见》等陆续出

---

❶ 《中共中央关于全面深化改革若干重大问题的决定》，中央人民政府网站，https://www.gov.cn/zhengce/2013−11/15/content_5407874.htm，最后访问日期：2024 年 2 月 14 日。

台，至此，形成了国资委代表国家履行出资人和监管职责，授权国有资本投资公司、运营公司经营国有资本，统一监管、集中经营的国资监管体制。

第二节　国有资产监管

一、现行法律法规与"管资本"国资监管模式不甚契合

综览国资监管相关法律法规，诸如《企业国有资产法》《暂行条例》《管理办法》等，尚停留在既往的国有资产管理体制要求下，所涉"管资本"规定甚少，内容稍显滞后。比如，《企业国有资产法》第二章专章规定了"履行出资人职责的机构"，明确履行出资人职责的机构不仅可以是各级国资委，国务院和地方人民政府根据需要，也可以授权其他部门、机构代表本级人民政府对国家出资企业履行出资人职责。但其实，国有资产监管模式转变后，国有资本投资公司、运营公司并不在该规定考量范围内。一方面，《企业国有资产法》制定于 2008 年，国有资本投资公司、运营公司则是 2013 年新一轮国企改革的产物；另一方面，考察《企业国有资产法》的规定后可以发现，"其他部门、机构"从字面上理解也不包含"公司"。"其实，这里应该是指国务院授权履行国家股东二级代理机构职责的有关部门和机构，例如，财政部就获得了国务院授权对中国邮政集团公司以及国有金融机构

等行使股权。"❶再如《暂行条例》第 4 条仍规定管资产和管人、管事相结合的国有资产管理体制，并未提及"管资本"。当然，其他诸多条款与之精神不一致，也应一并调整。

资本与资产是截然不同的两个概念，资产是企业为获取经济收益而用于生产经营的经济性物资，其主体应该是企业，而资本则是投资者置于企业以获取收益的资金，其主体是投资者，企业只有使用权，而没有所有权，投资者基于资本的投入，获得了企业的股权，并随之行使表决权、收益权等股东权利。不同于管人、管事、管资产，管资本并非直接干预企业经营，相反是要按照《公司法》通过企业法人治理结构来体现出资人的意志，国资监管模式从管资产到管资本的转变，也恰与《公司法》维护投资者利益的精神相匹配。引入非公有资本投资者后，国有企业"变身"为混合所有制企业，其调整规范也应由《全民所有制工业企业法》转变为《公司法》。国资监管模式的转变，促使政企分离，《公司法》应发挥政府与企业之间"屏障"的作用。当前，《公司法》已经修订，吸收了国企改革成果，创设"国家出资公司"概念，设立"国家出资公司组织机构的特别规定"专章，并明确国家出资公司是指国家出资的国有独资公司、国有资本控股公司，但在以"管资本"为主的国资监管新模式下，所有权与经营权两权分离，作为规制公司组织和行为的基本法律，《公司法》中该章有无必要对涉及国有资本参股公司，运用《公司法》的一般性规定又难以规制的特殊组织问题加以制度设计，值得探讨。

二、国资委出资与监管职能冲突

关于国资委的功能定位、法律性质等问题，很早就被学界

---

❶ 刘俊海:《公司法学》，北京大学出版社 2020 年版，第 437 页。

所探讨。在以"管资本"为主的国资监管新模式下，国资委功能定位的重要性再次显现。在我国，基于《企业国有资产法》，国务院和地方人民政府依法对国家出资企业履行出资人职责。地方国资委根据本级人民政府的授权，代表本级人民政府对国家出资企业履行出资人职责。《暂行条例》更是明确国务院国资委是代表国务院履行出资人职责、负责监督管理企业国有资产的直属特设机构，可见，国资委具有出资与监管双重职能。在国资监管新模式下，国有资本投资公司、运营公司改组组建设立，获得政府和国资委的授权履行国有企业出资人职责，国资委转而专门负责监管是应然之义。但此处为授权，仅看此部分应理解为代理人与被代理人的关系（实则复代理），不过形式上分离了国资委的出资、监管职能，国有资本投资公司、运营公司实际并无主观能动性和自主权，只能在授权范围内依法依规行权，此时国资委的监管职能也就因无实际监管对象而变得有些虚化。此外，《企业国有资产法》还规定国务院和地方人民政府根据需要可以授权其他部门、机构代表本级人民政府对国家出资企业履行出资人职责，此时国资委的权力将极大，监管自己的同时也监管其他获得授权的部门、机构。监管自己等同于裁判员、运动员二合一，监管客观不能；监管其他获得授权的部门、机构，一则难以区分同样作为履行出资人职责机构的权责边界，二则易形成权力寻租，招致腐败。

国务院国资委在其发布的《关于进一步推动构建国资监管大格局有关工作的通知》中规定"按照'法定职责必须为'的要求，各级国资委要全面履行好《中华人民共和国企业国有资产法》《企业国有资产监督管理暂行条例》等法律法规，全面承担党中央、国务院明确的国有企业出资人职责、专司国有资产监管职责和负责国有企业党的建设等职责"❶,明确"专司国有资产监管职责"。值得注意的是,该通知亦未厘清出资与监管职能二合一的问题,出资职责的履行要点应是严格按照《公司法》在投资企业中依法行使股东权利和股东会职权,力求国有资产保值增值,其性质为民事权利,而监管职责虽然可以理解为监督和管理,但正如顾功耘教授所言,"监督管理的涵义不是监督加管理,而应理解成从监督的角度所进行的管理。监督是管理的一种功能,是一种极其重要的功能,它应当由专门的机构独立实施"❷,其性质属于行政权力。从规范层面进一步分析,《暂行条例》第二章对国资委的结构设置及职责、义务进行了规定,其中也是将出资、监管混为一体,《暂行条例》第29—32条、第33—35条分别对国资委的管理职责、监督职责进行了规定。管理职责包含了企业国有资产产权界定、产权登记、资产评估监管等基础管理工作,以及协调产权纠纷,对所出资企业的企业国有资产收益及重大投融资规划等履行出资人职责,批准所出资企业中的国有独资企业、国有独资公司的重大资产处置,等等;监督职责包含了对所出资企业财务进行监督,建立和完善国有资产保值增值指标体系,等等。从内容上不难看出,管理职责的设计也含有"监督"之意。事实上,2003年国家考虑到产权问题成立了国务院国资委,作为国务院直属的正部级特设机构,虽明确其代表国家履行国有企业出资人职责,但更多的还是出于对当时国有资产监管混乱状况的考量,从效果来看,随着国资委的成立,国企经营效率低下等问题也的确有所改善,企业效益得以好转。

---

❶ 《关于进一步推动构建国资监管大格局有关工作的通知》,国务院国资委网站,http://www.sasac.gov.cn/n2588035/n2588320/n2588335/c12884170/content.html,最后访问日期:2024年2月14日。

❷ 顾功耘:《国资监管机构的法律定位》,《上海国资》2008年第6期,第55页。

三、民事责任形态缺失

从代理角度来看，国有资产属于全民所有，各级人民政府接受全民委托，代表人民行使国有资产所有权，对国家出资企业履行出资人职责，享有出资人权益，也即人民作为被代理人，各级人民政府作为代理人。各级人民政府再次授权各级国资委代表本级人民政府履行出资人职责，国有资本投资公司、运营公司再接受各级人民政府和各级国资委委托履行出资人职责。此时，无论是国资委还是接受委托的国有资本投资公司、运营公司，都是以自己的名义在授权范围内履行出资人职责，其履职所产生的一切法律后果都由国家承担。当然，有代理就会有成本，其中包括代理人不作为、乱作为等所致的损失。基于《民法典》第 164 条规定，代理人不履行或者不完全履行职责，造成被代理人损害的，应当承担民事责任；对于代理人和相对人恶意串通，损害被代理人合法权益的，代理人和相对人应当承担连带责任。由此，作为履行出资人职责的机构，因自身原因给国有资产带来损失的，应当承担民事责任。然而，当前实践中更多的是追究刑事责任及违纪责任，从《企业国有资产法》《暂行条例》《管理办法》到《刑法》，大都表现为"行政处分""纪律处分""刑事责任"，鲜见民事责任相关规范。在以"管资本"为主的国资监管模式下，委托链条进一步延长，国有资产受损情形随时可能出现，履职人员复杂，不同身份的人员需要承担不同的责任，民事责任作为重要且全面的法律责任形式，理应适用于国有资产保护。不同于刑事责任及违纪责任，民事责任以保护财产为主要内容，能够与其他法律责任互补，实现对国有资产的全面保护。

　　根据诉讼基本理论，市场主体利益受损后，享有向司法机关提起诉讼以求司法救济的权利。当前，即便《企业国有资产法》《暂行条例》《管理办法》等法律法规中的"法律责任"章节涉及"赔偿损失""不法收入归国家出资企业所有"等民事责任，如《企业国有资产法》第 70 条、第 71 条，《暂行条例》第39 条，《管理办法》第 59 条、第 61 条，等等，但司法实践中较少援引这些规定。查询中国裁判文书网后发现，援引这几条解决纠纷的案例寥寥无几❶，这些规定已成"睡眠条款"。当前，《民事诉讼法》等法律法规及相关司法解释明确规定了环境公益诉讼、消费者公益诉讼等，而国有资产流失属于公益诉讼范围，实践中有不少国有资产流失案例，基本都是检察院作为主体提起行政公益诉讼，例如玉环市人民检察院不当减免企业所得税追缴案❷、长春市高新区人民检察院耕地占用税及滞纳金追缴案❸、肇庆市高要区人民检察院追回水资源费案❹、东山县人民检察院城市基础设施配套费追回案❺、长治市上党区人民检察院拆

---

❶　如哈尔滨市自然资源和规划局、张凯确认合同无效纠纷案，黑龙江省哈尔滨市中级人民法院（2020）黑 01 民终 2805 号民事裁定书："关于自然资源和规划局主张按照《中华人民共和国企业国有资产法》第七十一条和七十二条的规定，企业转让时存在违反法律法规，当事人恶意串通，其转让无效的问题。因确认案涉产权转让合同的效力不属于法院的受案范围，法院无权对此适用《中华人民共和国企业国有资产法》。故本院对自然资源和规划局的上述主张不予支持。"

❷　《玉环检察院成功办理一起国有资产流失公益诉讼案件》，浙江新闻网，https://zjnews.zjol.com.cn/zjnews/tznews/201802/t20180206_6535546.shtml，最后访问日期：2021 年 2 月 15 日。

❸　《7 份公益诉讼检察建议 有效防止国有资产流失》，搜狐网，https://www.sohu.com/a/322665070_99964925，最后访问日期：2021 年 2 月 15 日。

❹　《高要检察：追 2791 万元，公益诉讼避免巨额国有资产流失》，阳光检务网，http://www.gd.jcy.gov.cn/xwzx/jccz/202005/t20200521_2837861.shtml，最后访问日期：2021年 2 月 15 日。

❺　《东山县检察院公益诉讼防范国有资产流失成效显著》，海峡法治在线，http://www.hxfzzx.com/2020/0615/190106.html，最后访问日期：2021 年 2 月 15 日。

迁补偿款追缴案 ❶ 等，梳理后发现，多数案件都是检察院接到举报线索并核实后，向主管部门发出公益诉讼诉前检察建议书，督促其依法履职，所涉纠纷对象也均为增量国有资产，鲜见因股东代表、董事、监事、高级管理人员实施违法犯罪行为以致国有资产流失的案件。因此，亦可探究国有资产公益诉讼的解决方案，制定具有可操作性的程序规则。但诸如适格原告的确定，是检察院还是国资委或任何公民，是专门出台司法解释还是在现有《企业国有资产法》等国资监管法律法规中设置相应条款，还有待进一步探讨。

第三节　国有资本投资公司、运营公司

一、委托链条进一步延长

从管人、管事、管资产向以管资本为主转变，国有资本投资公司、运营公司的设立是关键，此前国资委出资、监督、管理三权合一，此后，国资委仅作为国有企业出资人，代表国家在混合所有制企业中以股东身份出现，国有资本投资公司、运营公司负责国有资产的经营管理，如此，国有资产监管模式也由"国资委到国有企业"的两层监管模式转变为"国资委到国有资本投资公

---

❶ 《法律监督案件追踪丨山西长治：公益诉讼诉前检察建议避免国有资产流失》，最高人民检察院官网，https://www.spp.gov.cn/spp/zdgz/201905/t20190517_418528.shtml，最后访问日期：2021 年 2 月 15 日。

司、运营公司再到国有企业"的三层监管模式。两层监管模式下，国有企业的人事、资产经营等均由国资委负责，作为行政机关的国资委显然与国有企业密不可分，三层监管模式下，其中间增加了一条"隔离带"，即国有资本投资公司、运营公司。从形式上看，三层监管模式弱化了政企关系，但也延长了国有资产委托链条，势必会加剧所有者缺位的问题，国有企业此前存在的经营效率低下、国有资产流失等现象可能依然存在。况且，基于2018年《国务院关于推进国有资本投资、运营公司改革试点的实施意见》，"国有资本投资、运营公司均为在国家授权范围内履行国有资本出资人职责的国有独资公司"，按照国有资产监管机构授权和政府直接授权两种模式开展国有资本投资公司、运营公司试点，其运转中的诸多事项均由政府或国有资产监管机构负责，比如考核与评价，执行董事、外部董事的委派，等等，由此出现了"自己监管自己"的尴尬局面，其政企分离效果还有待观察。

二、权责边界不甚清晰

接前所述，能否真正实现政企分离，实现公共管理职能与出资人职能分离，不在于"层数"多少，而在于各主体分工是否明确具体，相关规范是否存在有效约束。国资委作为出资人，国有资本投资公司、运营公司作为股权持有人和投资经营负责人，应该精准地贯彻出资人的意志。因此，国有资本投资公司、运营公司的权责当需细致规定，规定得越具体，越容易避免出现所有者缺位、错位甚至越位的现象。但当前关于国有资本投资公司、运营公司的权责规定处于缺失状态，国有资本投资公司、运营公司自党的十八届三中全会被提及，直到《国务院关于推进国有资本投资、运营公司改革试点的实施意见》出台才对其功能定位、组建方式、授权机制、治理结构、运行模式以及监督与约束机制进行了细致规定，但并未涉及具体权责。而且，进一步梳理对比《暂行条例》中规定的国资委对国有资产的监督和管理职责后发现，两主体在职责方面存在交叉，比如《暂行条例》规定国资委"依照《中华人民共和国公司法》等法律、法规，对所出资企业履行出资人职责""依照规定向所出资企业委派监事""依照法定程序对所出资企业的企业负责人进行任免、考核"等，《国务院关于推进国有资本投资、运营公司改革试点的实施意见》规定，国有资本投资公司、运营公司"通过股东大会表决、委派董事和监事等方式行使股东权利""建立派出董事、监事候选人员库，由董事会下设的提名委员会根据拟任职公司情况提出差额适任人选，报董事会审议、任命""加强对派出董事、监事的业务培训、管理和考核评价"等。

第五章 | 竞争性国企混改法治化路径

第一节　竞争性国企混改的法治化原则

竞争性国企是当前混改实践的"主力军"，其混改的基本逻辑是以资本混合为前提，以"管资本"为主促使政企分离，以国资监管职能转换为导向，以市场化和规范化治理机制构建为核心，以放大国有资本功能、确保国有资产保值增值为目的。国家治理体系和治理能力现代化发展目标下，多种风险并存，各方利益关系复杂，法治的规范与确认价值愈加突显。竞争性国企混改依靠法治维护其改革成果的现实，也在一定程度上引领着相关法治建设的方向。作为经济体制改革的重要组成部分，竞争性国企混改以产权制度改革为基本导向，以"混"促"改"，在坚持产权清晰的重要价值原则、明晰产权归属及相应权能边界的基础上遵循市场经济下的契约自由理念，将意思自治原则及利益衡平原则贯彻始终，兼顾国有资产保值增值与非公有资本投资者权益保护。

一、产权清晰原则

科斯（Coase）认为，建立法律体系的目标之一就是清晰界定权利，使权利能在此基础上通过市场进行转移与重新组合。[1]产权清晰是市场经济的基础，资源配置实际上体现为财产之流

---

[1]　安福仁：《产权制度与国有企业产权界定》，《财经问题研究》2000年第5期，第14页。

转，产权不清晰必然影响财产有序流转，不仅会引发权利侵害事件，还难以发挥财产的经济效用，最终有损市场经济的正常秩序。❶《中共中央、国务院关于完善产权保护制度依法保护产权的意见》第二部分专门就国有企业和国有资产监督管理体制改革中国有产权保护的制度化保障，以及各种所有制经济公开公平公正参与市场竞争、同等受到法律保护、依法平等使用生产要素等提出了产权保护意见。法律体系的运转目标是促使产权清晰，产权界定得越清晰，越能促使法律体系进行自我批评式的反思与完善。国企混改法治化进程中，坚持产权清晰的法治化原则将实现国有资本与非公有资本的双赢，也是顺利推进混改的必要指引。

坚持产权清晰的法治化原则，可以有效防范国有资产流失。国有资产流失是国企混改的"拦路虎"，回顾过往，所有者缺位、内部人控制等问题是国有资产流失的主要原因，而这些问题产生的根源就在于产权界定不清，著名的经济学家吴敬琏教授将这种收益权和控制权分离的现象称为产权残缺。不同于以往，本次国企混改以天生具有趋利导向的非公有资本投资者为引入对象，而且不仅进行一时的形式混合，还要共同进行混合所有制企业治理，环节较多，过程复杂，持续时间较长，稍有不慎就会造成国有资产流失。由此，资本混合中应厘清参混国有资产的范围，依法对其市场价值作出精准评估，明晰特定国有资产的出资人代表机构，通过《企业国有资产法》等国资监管法律法规明确履行出资人职责的机构、国资监管机构的权责边界，以及国有股东在混合所有制企业董事会、监事会中的职责，确保国有资产被清晰准确地界定，实现保值增值。

---

❶　房绍坤、林广会：《农村集体产权制度改革的法治困境与出路》，《苏州大学学报（哲学社会科学版）》2019 年第 1 期，第 33 页。

　　坚持产权清晰的法治化原则，可以有效保障非公有资本的合法权益。1960 年，科斯发表了《社会成本问题》一文，提出了被人们称之为"科斯定理"的产权理论："若交易费用为零，关于财产权利的法律就没有必要存在或根本不可能存在；如果交易费用为正，则资源最佳配置的基本前提是资源产权的初始界定，也就是说，用法律界定产权是至关重要的。"❶前文已述，产权是一组权利束，权利人据此可以拥有一系列相关权益。美国经济学家哈罗德·德姆塞茨（Harold Demsetz）指出："产权是一种社会工具，其重要性就在于事实上它能帮助一个人形成他与其他人进行交易时的合理预期。这些预期通过社会的法律、习俗和道德得到表达。"❷非公有资本需要公平公正地作为市场主体才能依法有序参与国企混改，作为权利人，保障其特定产权对应的相关权益是极其必要的，而清晰的产权界定是其权益被保障的基础。国有资本天然具有政治优势，政企难分将导致非公有资本的产权界定不清，在公司治理中话语权不够，公司经营决策难以体现其自身意志，这也是国企混改实践中非公有资本对参与混改犹豫不决的原因所在。为此，应以产权制度为基础建立现代企业制度，构建制衡高效的法人治理机制，促进所有权与经营权的实质分离，确保非公有资本基于其产权享有应然的权益，依法参与混合所有制企业董事会、监事会，取得经营混合所有制企业应得的收益份额。

二、意思自治原则

　　源于罗马法的意思自治原则，起初是为了解决不同地域商

---

❶　张国平：《国有企业与现代企业产权制度融合性的法律分析》，《南京社会科学》2006 年第 3 期，第 81 页。

❷　转引自张国平：《国有企业与现代企业产权制度融合性的法律分析》，《南京社会科学》2006 年第 3 期，第 81—82 页。

人的经济纠纷适用何种法律的问题，法国法学家查理·杜摩林
（Charles Dumoulin）提出应适用由当事人自主选择的法律来调整
他们之间的契约关系，解决他们之间的经济纠纷，这一主张立即
受到商人们的欢迎，并逐渐为整个社会所接受，后被人们称之
为"意思自治"学说。❶就本质而言，意思自治仅是一种法哲学
理论，即人的意志可以依其自身法则去创设自己的权利义务。就
经济角度而言，意思自治对应的是自由经济体制，其基本理念是
保障和鼓励人们依照自己的意志参与市场交易，强调在经济行为
中尊重当事人的自由选择，让当事人按照自己的意愿形成合理的
预期。❷

"进入九十年代后，……国有经济和国有企业的改革成为我国
整个市场经济创建的核心环节，而明晰产权关系、优化资源利用
与配置、企业主体法人化、企业行为市场化、企业意志自主化又
顺理成章地成为国有经济和国有企业改革的关键环节。故而，意
思自治原则便有了特殊的使命，即服务于我国市场经济创建的主
题——最大限度地优化利用和配置资源，为国有经济和国有企业
改革提供法律上的理论根据。具体地说，意思自治原则将在以
下三个方面实现其价值：（1）促进产权结构的优化和重组，明确
各经济主体之间的权益界限……（2）保护市场主体的平等权利。
（3）保护契约交易的自由。"❸新一轮国企混改以市场化为导向，以
引入非公有资本为基本方式，更多地具备了"契约意味"，在国有
企业意思自治的基础上，一旦双方达成合意，特定企业的"混合"

---

❶ 刘凯湘、张云平：《意思自治原则的变迁及其经济分析》，《中外法学》1997 年第 4
期，第 70 页。

❷ 刘凯湘、张云平：《意思自治原则的变迁及其经济分析》，《中外法学》1997 年第 4
期，第 71 页。

❸ 刘敏、潘醒：《意思自治原则的经济分析》，《甘肃政法学院学报》2005 年第 4 期，
第 142 页。

也就取得了成功。鉴于国有企业的优势地位，意思自治原则在混改中更多的是针对非公有资本、拟混改国企内部职工以及履行出资人职责的机构等。如果说产权清晰原则是给国有企业与外部投资者的一颗"定心丸"，使其敢于迈开脚步去接受、参与混改，那么意思自治原则将进一步促使其积极交易并充满期待。为此，竞争性国企混改应将意思自治原则贯穿始终，主要体现在两个方面。

其一，资本混合中，应确保每个非公有资本投资者都有机会参与国企混改。意思自治原则兴起的一个重要经济学基础是理性人在交换中的人格平等和意志自由。平等向来有两种含义，即法律上的平等和事实上的平等，后者是指经济主体实际进行经济行为、实现自由意志的机会和能力基本接近，也称为实质上的平等。[1]这要求拟混改国企在引入非公有资本投资者时，应确保通过市场化平台，比如产权市场、股票市场等，采用公开、公平、公正的方式，保障各类非公有资本投资者平等参与混改的权利，在设定拟参与方的条件时，避免出现具有明确指向性或违反公平竞争原则的内容；拟混改国企应确保职工对混改的知情权与参与权，涉及拟混改国企职工切身利益时，要依法做好评估工作，制定的职工安置方案应当经职工大会或者职工代表大会审议，确保国企混改中职工的参与；国有资产评估机构的选聘及委托，交易价格是否合理，甚至最终是否进行混改等都应充分考量非公有资本投资者的意志。同时，在双方接触之时，就确定非公有资本投资者的退出机制，确保其享有进出自由。

其二，公司治理中，话语权的大小是意思自治程度的直接体现。章程的制定是双方协商一致的结果，应充分体现双方主观意

---

[1]　刘凯湘、张云平：《意思自治原则的变迁及其经济分析》，《中外法学》1997年第4期，第73页。

志，尤其是非公有资本投资者的意志，双方以资本为纽带、以产权为基础进行平等对话。混合所有制企业在防范国有资产流失的前提下，应合理确定股权结构及表决规则，应确保非公有资本投资者顺利进入董事会、监事会，且能够依法行使表决权，表达相应意志。此外，政府仅以出资人身份参与公司治理，避免过度干预，确保履行出资人职责的机构能够行使国有股东权利，结合市场具体情况并充分发挥主观能动性以开展投资经营。积极促进混合所有制企业实行经理层成员任期制以及契约化管理，构建劳动合同管理与岗位管理相结合的市场化用工机制，薪酬分配契约化，构建正常流动机制，确保人员享有进出自由。

三、利益衡平原则

利益是需求与满足之间关系的表达，即"利益实质上不是一个实体范畴，而是关系范畴"[1]。每一个社会的经济关系首先是作为利益表现出来。[2] 由于市场博弈能力、存在目的与价值不同，需求与满足标准各异的利益发生冲突在所难免。"法律是获取、限制或者剥夺利益的正当性和规范化方式。……由于利益多元、多样、多层次的存在方式，不同利益之间也存在着多元、多样、多层次的冲突表现，这就决定了法律对利益关系的调整应当以衡平复杂多变的利益冲突为核心任务。"[3] 以引入非公有资本投资者为主要方式的竞争性国企混改，具有防范国有资产流失与保障非公有资本投资者权益的双重任务，其中包含着公共利益与非公共

---

[1] 转引自程多威：《环境法利益衡平的基本原则初探》，《中国政法大学学报》2015年第6期，第56页。

[2] 转引自瞿业虎：《竞业禁止的法益冲突及其衡平原则研究》，《河南大学学报（社会科学版）》2013年第5期，第88页。

[3] 程多威：《环境法利益衡平的基本原则初探》，《中国政法大学学报》2015年第6期，第56—57页。

利益如何更好地实现平衡的问题。能否找到平衡点，以及平衡点如何设计与把控，将决定着竞争性国企混改的成败。回顾并总结过往国企改革失败的经验，其实本质上就是未在两者之间找到有效的平衡，有时因政企难分未能充分放权保障非公有资本投资者的权益，有时因放权过度而导致国有资产流失。新一轮国企改革欲在非公有资本投资者的利益与国有资产代表的全民利益之间寻求平衡，并从以下两个方面入手。

其一，应坚持公共利益优先。国有资产属于全民所有，这也意味着国有资产代表着公共利益。纵览国企改革曲折历程，从放权让利、两权分离到股份制改革等，无论采取哪种方式，提高国有企业活力，解决委托链条过长、所有者缺位、内部人控制等问题，实现国有资产保值增值，一直都是国企改革的主要目标。竞争性国企混改作为国企改革的延续，亦不例外。路走得再远，也不能忘记初心。为此，在竞争性国企混改资本混合阶段，应充分开展可行性论证，全面实施"一企一策"考核，结合不同企业的功能具体问题具体分析，严密设计混改方案，对拟引入的非公有资本投资者展开详细的尽职调查，规避短期套利风险，加强混合模式监管。在引入对象为外商资本时，应严格履行安全审查程序，确保国有资产安全。此外，还应严格履行决策审批、定价评估程序，确保程序合规、评估准确。当然，对于前述的这些资本混合程序，仅凭政策文件规范，权威性不够，也将影响执行力，应尽快实现混改程序法定化。公司治理机制改革中，应通过制度设计确保国有股东在混合所有制企业作出重要投资经营决策时具有发言权。国资监管体制改革中，应对国资监管法律法规加以全面修订，实现国资监管机构与履行出资人职责的机构职能区分法定化，确保各机构在职能上不缺位、不越位。

其二，应合理限制公共利益保护，兼顾非公有资本权益。前文已述，国企改革的主要目标是维护公共利益，但此非最终目标，更好地造福人民，让人民共享发展成果才是国企改革价值之所在。非公有资本投资者应当在国企混改中享受改革发展成果，万不可为了保护公共利益而侵害非公有资本权益。因之，在坚持公共利益优先的前提下，亦应对公共利益保护手段加以合理限制，充分考量非公有资本权益。竞争性国企混改资本混合阶段，应严格拟定混改方案、严守承诺，满足非公有资本投资者的投资预期，还应加强对资本混合程度的监管，以防形成经营者集中，侵害市场公平竞争秩序。此外，还应完善非公有资本权益保障体系，顺畅退出通道，选择有资质的第三方合法合规地进行国有资产评估，保证结果准确。公司治理机制改革中，应以保障非公有资本投资者话语权为核心，双方协商拟定章程，降低国有股东持股比例，引入外部董事、职业经理人，构建制衡与效率兼具的公司治理结构。国资监管体制改革中，厘清各级人民政府、国资监管机构与履行出资人职责的机构各自的职能，减少国家非必要干预。

第二节 "混资本"的法治化

一、规制思路：构建顶层设计，统筹混改过程

"混资本"是"改机制"的起点，也是一个过程，其中涉及

不同混合模式、不同参混资本形态以及不同资本混合程度。"混资本"看似困境各异，但其实内含着"不同参混资本通过一种或多种混合模式并基于特定的混合程序加以混合"的基本逻辑。的确，基于不同困境，应有相应的破解路径，但"混资本"的顶层设计不可或缺，应先行构建顶层设计，一则以"基干性"规范统筹当下涉及混改的所有政策，改变政策指向零散局面，二则借助顶层设计这一"树干"明晰法治漏洞，确保竞争性国企混改于法有据地展开。

　　从内容上看，顶层设计并不需要面面俱到，但应将不同混合模式、不同参混资本形态以及不同资本混合程序作为核心内容加以明确规定，并专门提及特殊情形，例如，关于并购重组的国企混改模式，可同时规定"资本并购重组时，国有股东应依据《反垄断法》等规定的程序进行经营者集中申报"，当外商资本参与竞争性国企混改时，可明确"依据《外商投资安全审查办法》开展安全审查"，等等。值得注意的是，关于资本混合程序，我国不仅有专门针对中央企业的政策设计，还在较多省市开展了试点，顶层设计应充分吸收借鉴地方混改实践成果。"我国改革开放过程中涌现出来的许多重大法律制度创新，包括农村土地承包经营制度、国有土地有偿使用制度、所有权与经营权分离、基层群众民主自治等，都首先起源于地方的改革创新实践，然后由中央总结成功经验并由立法加以确认。地方和基层在长期的改革创新实践中积累起来的大量新规则、新制度，为国家立法提供了丰富的本土资源。"❶ 从形式上看，国企混改诸多规定法律效力位阶较低，该顶层设计应由国务院构建，一方面权威性较高，尚可统

---

❶　张文显：《习近平法治思想研究（中）——习近平法治思想的一般理论》，《法制与社会发展》2016 年第 3 期，第 15 页。

筹众多政策文件，另一方面也能避免法律体系混乱问题。

此外，在顶层设计调整竞争性国企混改基本逻辑后，还需借助这一契机，深化该领域法治改革，以顶层设计为核心，严密构建竞争性国企混改法治体系。

二、不同混合模式的法治化：规范与监管并行

国企混改的前提是国有资本与非公有资本通过不同模式加以混合，以引入外部投资者实现股权多元化。这些模式除一般意义上的股权转让外，还包括并购重组、整体上市、认购可转债、员工持股、设立私募股权投资基金等特殊模式。不同于普通的市场主体，国有资本具有身份特殊性，其与非公有资本的混合在这些模式下难免会有障碍。经过归纳总结，不同混合模式下的竞争性国企混改，一方面应注重增强制度供给，完善改革依据，另一方面也应加强审查，提升"混合"的合法性与稳定性。

其一，完善《公司法》与《证券法》中关于可转债的规制条款。《公司法》在现有发行及转换规则基础上，注重对转换成股东后表决权的行使时间加以限制，可明确规定可转债持有人在转为股东后，若处于股东大会召开前 20 日内或者公司决定分配股利的基准日前 5 日内，不得进行股东名册变更登记。《证券法》关于可转债的规定不多，《可转换公司债券管理办法》结合可转债的实际特点在一定程度上对《证券法》的相关规定进行了细化，《证券法》对此可以有选择性地加以采纳，完善自身关于可转债的相关规定。比如，在发生可能对可转债交易价格产生较大影响的重大事件时，明确发行人的临时报告义务和公告义务，充分保障投资者的知情权。外部投资者参与竞争性国企混改时，往往面临着严重的信息不对称问题，某些情况下也要承受国有股东

的道德风险与逆向选择，完善关于可转债的规定能够在竞争性国企混改场域内规避外部投资者的投资风险。

其二，理顺员工持股相关规范。国企改革曾经探索过员工持股制度，但效果不佳。究其原因，一方面没有遵循平等自愿原则以鼓励支持员工持股，另一方面也仅是政策推进，权威性不足，员工对此缺乏稳定预期。竞争性国企混改背景下，员工持股作为重要的混改路径，再次提出了制度化诉求。一方面，我们应当在积极吸取各地立法实践经验的基础上，探索员工持股顶层设计，提高员工持股法规的法律效力位阶，对持股人员范围、持股比例、持股期限加以统一规定；另一方面，对于持股人员范围，不应局限于高级管理人员或技术人员，应在平等自愿的基础上将全部员工纳入，持股比例不宜过低，建议30%左右为宜。但也不宜直接控股，一则"尽管足够大的持股比例（如持股50%以上）可以保证对员工的激励，但从现实情况看，我国国企实行员工控股的可能性不大。一方面由基本经济制度所决定，国企能够允许员工持股的比例不可能达到控股的程度，至少员工控股不可能成为一种普遍现象。另一方面，国企的总资产数额巨大，而员工能够提供的出资往往受到资金来源的限制，不可能提供足够大的资金持有大额的股份"❶。二则一旦员工无法直接持股，而通过公司制企业、合伙制企业、资产管理计划等持股平台或者持有人会议选出的代表或设立的相应机构持股，则很容易引发道德风险以及所有者缺位问题。关于员工持股期限，《关于国有控股混合所有制企业开展员工持股试点的意见》规定，实施员工持股，应设定不少于36个月的锁定期，以规避短期套利。其实，如果特定员工

---

❶　蒋建湘：《国企混合所有制改革背景下员工持股制度的法律构建》，《法商研究》2016年第6期，第37页。

持股时真的存在道德风险，限定时间是难以解决问题的，时间过短，难以实现规制目的，时间过长，容易抑制公司股权流转，进而影响公司的资金融通。从国外经验来看，美国员工持股在任职期内不可套现，除非达到 55 岁，且只能转让 25% 的股权。日本企业要求员工至少持 20 年本企业股份，才能进行套现。韩国职工持股合伙（会）的财产交由韩国证券金融株式会社授权管理，4—7 年后才能分配给职工。❶ 如此有益经验，我国可以多多借鉴，以提高立法科学性。此外，应着重关注选出的代表或机构以及公司制企业、合伙制企业、资产管理计划等持股平台如何代表员工行使股东权利、参与混合所有制企业治理，对此可出台相应的实施细则，亦可在《公司法》中明确员工代表持股机构的股权行使问题。

其三，构建竞争性国企混改中经营者集中的审查通道。不同于一般的经营者集中，国企混改中国有股东自始就带有"垄断"意味，在其与非国有股东混合过程中很难进行监管约束。"政府拥有的反垄断执法能力，更可以使其具有明确的目标性和主动性，可以使政府在调控经济和控制市场势力中如虎添翼。我国反垄断的定位不可能人为地去拔高，归根结底取决于对竞争在我国市场经济体系中地位的追求和认识，取决于如何培育我国的竞争文化和信念。我国反垄断法颁布十几年来，虽然已通过个别大要案的查处和巨额罚款而初步彰显了威力，但无论是其调整领域还是调整强度，都远没有系统性和宏观性地展现出宏大的政治定位和'超级法'的面貌，还远不是'经济宪法'。"❷ 竞争中性原则

---

❶ 官欣荣、刘嘉颖：《国有企业实施员工持股计划的法治思考》，《南方金融》2017 年第 1 期，第 85 页。

❷ 孔祥俊：《论互联网平台反垄断的宏观定位——基于政治、政策和法律的分析》，《比较法研究》2021 年第 2 期，第 8—9 页。

旨在通过指导现有国际经济规则的更新和调整，进而实现国有企业和私营企业的公平竞争，于国际而言，确保外商资本与国有资本的公平审查亦为重要体现。《外商投资法》全文贯彻了内外资一致准入与管理的理念，同时也明确了外商资本并购涉及垄断时的审查应基于《反垄断法》的规定（外资并购境内企业或者以其他方式参与经营者集中的，应当依照《反垄断法》的规定接受经营者集中审查），为外商资本参与竞争性国企混改营造了统一公平的法律环境。反观国企改革场域，对于一方经营者是国家的特定集中现象，也应明确依照《反垄断法》的规定进行经营者集中审查，并设置清晰的审查路径。在竞争性国企混改中，"混合度"达到《国务院关于经营者集中申报标准的规定》规定的申报标准时，至少应从形式上设置程序加以约束。可以尝试在"混改操作指引规范"中的"混资本"环节增设申报流程，未申报不得交易，申报主体可明确为非国有股东。如此，在避免审查机关与国有股东权力串通的同时，还能提升非公有资本投资者参与混改的积极性。

其四，依法合理设计公司治理结构。公司整体上市后，大股东一股独大、其他小股东所有者缺位难免带来内部人控制问题，在公司治理中，一股独大且通过整体上市实现混改的企业，应注重董事会及监事会组建的合理性，特别增加独立董事数量，避免出现公司治理结构缺陷，加强对中小股东权益的保护，提升监管强度。当然，短期来看，整体上市仅从形式上实现了参混国有企业股权多元化，达到了国企混改对股权结构的形式要求，但这些中小股东能否真正参与公司治理，企业活力与经营效率能否真正提升，才是判断这种方式是否适合竞争性国企混改的直接标准。或许这种方式并不适合国企混改，抑或不适合所有国企，还需具体企业具体分析，这都需要在混改实践过程中加以考量。

其五，完善竞争性国企混改中私募投资基金的具体监管规范。当前，应在《关于加强私募投资基金监管的若干规定》《私募投资基金监督管理暂行办法》等一般性监管规范基础上，针对私募投资基金在国企改革中的具体样态加以细致规范，可以由国资委牵头，出台国企混改中私募投资基金监管指引性规范。无论是国有企业主动发起设立，还是被动参与非公有资本已设立的私募投资基金，都涉及国有资产的参与，应当明确这种私募投资基金的投资边界，以及构建重大风险投资时管理人向国有投资人汇报机制，尽可能规避投资风险。此外，国有股权投资基金不同于国有企业，其有相互制衡的治理结构，能够在重大投资经营中作出合理决策。为此，应当对国有股权投资基金的投资企业范围实施清单化管理，以公益为主要导向，体现国有股权公益性质，同时适当涉足竞争性领域，为民营企业提供资金融通渠道。同时，应构建投资信息披露制度，在《私募投资基金监督管理暂行办法》《关于加强私募投资基金监管的若干规定》对基金管理人、托管人、销售机构及其他私募服务机构等主体行为限制的前提下，将履行出资人职责的机构、国资监管机构等在私募投资基金投资过程中的监督管理职责具体化，以防范道德风险。

三、不同资本形态的法治化：保障与审查并重

虽然国家政策提及的民营资本、外商资本、集体资本等所有非公有资本都是本轮国企混改的参与主体，但毫无疑问，民营资本才是竞争性国企混改的主要参与者，也在很大程度上决定着国企混改能否顺利开展，国有企业惯存的政治优势使其望而却步，由此，如何构建体系化的权益保障机制，是促使民营资本参与混

改的难题所在。

　　关于民营资本，第一，应构建"禁入清单制度"及"以管代禁"的管理方式。整体上，应当修正具有"国企垄断纲领"性质的《反垄断法》第8条，并以此指引体系化修订相关行业单行法规，优化各行业民营资本准入规则，改变"一刀切"绝对禁止民营资本进入或经营的不良倾向。但国家兼具国企经营利益方与制度设计者的双重身份，这意味着仅靠制度优化将难以从根本上解决民营资本准入问题。为此，可尝试建立"禁入清单制度"，明确哪些行业绝对禁止参与，除此之外的行业民营资本均可参与。当然，民营资本天生具有逐利性，风险投资战略运用较为普遍，还应加强法律监管，将过往"以禁代管"的管理方式改为"以管代禁"，事前对拟进入的民营资本开展尽职调查，以规避短期套利行为，同时对确实存在短期套利等相关行为的民营资本投资者建立负面清单，在一定期间内禁止其参与混改。需提及的是，还应尝试建立国企混改共享信息平台，公开披露拟混改国企基本信息与投资者选择条件，形式上为民营资本参与国企混改提供信息获取便利，实质上能够实现民营资本参与机会均等。第二，应真实准确评估国有资产。一方面，在评估固定资产时，应严格依照评估规范选择国、民双方认可的第三方评估机构加以评估；另一方面，相关操作指引应明确规定参混国有企业债权债务披露制度，如通过社会公告等方式对外公布可以公开的既有债务，督促相关债权人进行申报，以防信息不对称所致的国有资产评估不实。第三，应尊重民营资本的话语权。充分利用章程等明确董事会、股东会、监事会的权责，尤其需要扩大董事会的职权范围，国有股东非必要不控股，有些国有企业确需国家适时干预经营时，亦可在国有参股的前提下，合理运用黄金股、加权股等，在保障民营资本权益的同时，为国有资本留有一定的话语权。第四，在董事会中提高独立董事的比例，同时降低独立董事的履职风险。可采取过错责任原则，结合普通人的注意程度和独立董事的专长确定注意义务，只有在存在重大过失的情况下才应当追究独立董事的责任。第五，可以适时调查中小股东对董事会的满意程度。无论是完善独立董事制度，还是提高中小股东董事占比，都是手段，而最终的目的是组建能够作出有利于公司整体利益的决策，能够保障中小股东利益的董事会。实施中小股东满意度调查制度，能够对董事会产生软性约束，督促其为了中小股东的利益行使职权。在任董事基于自己长期的职业发展考量，也会在履职中积极保障中小股东的利益。

关于集体资本，中央层面应尽快构建集体资产产权界定顶层设计。通过梳理集体资产相关规范可以发现，其尚处于探索阶段。由于缺乏顶层设计的指引，各地出台的规范较为宏观。从规范对象来看，顶层设计应针对农村和城镇集体资产，以"谁投资、谁所有、谁受益"为原则，全面制定界定规范。从规范种类来看，应包含集体所有的土地、森林、山岭、荒地、滩涂等资源性资产，集体所有的用于生产经营的建筑物、构筑物、设施设备、库存物品、各种货币等经营性资产，集体所有的用于公共服务的教育、科技、文化、卫生、体育等方面的非经营性资产，以及兜底的其他有形和无形资产，并基于不同种类明确相应的界定方法。尤其针对城镇集体企业资产形成以及来源较为复杂的情况，要在充分调研后有针对性地具体细化，比如国家机关、国有企事业单位以资助、扶持的方式向集体企业投入货币、实物或无形资产，凡投入时没有约定投资或债权关系的，是否应界定为集体资产；集体企业在发展过程中，使用银行贷款、国家借款等借贷资金，国家机关、国有企事业单位只提供担保，而没有履行连带责任的，是否应界定为集体资产；等等。目前，中央层面集体资产管理规范尚处于缺位状态，可借鉴地方经验，适时制定，这也是促进新时代乡村全面振兴的实践需要。各地方应在顶层设计基础上，更新完善相关法规，为竞争性国企混改保驾护航。从集体资产种类来看，各地应确保本地资产界定规范既包含城镇也包含农村，做到两者并重，确保各式集体资本参与混改时产权界定有据可依。从具体内容来看，各地应结合时代发展对陈旧的相关规范加以修订，比如 1997 年颁布的《关于广东省农村集体资产产权界定工作的意见》、1999 年通过的《青岛市农村集体资产管理条例》，也可借鉴兄弟省份、地市的最新立法经验，如 2020 年修正的《浙江省农村集体资产管理条例》，在资产权属、资产运营、财务管理、股份合作、产权交易、审计监督、保障措施、法律责任等方面通过 53 个条文作出了较为完善的规定，同为农村集体资产管理地方性法规的《青岛市农村集体资产管理条例》仅笼统地通过 22 个条文进行了规定。

关于外商资本，其参与竞争性国企混改也是践行竞争中性原则的直接体现。鉴于竞争性混改的一方主体为竞争性国企，涉及国有资产的保值与增值，在《外商投资法》明确内外资一致准入与管理的同时，外商资本的安全审查将变得至关重要且必要。当然，这也是国际通行做法，比如，美国早在 20 世纪七八十年代就确立了外国投资委员会安全审查机制，并于 2007 年出台了《外商投资与国家安全法案》(Foreign Investment and National Security Act)。很多国家都有关于安全审查的法律规范，不论这些国家实行的是哪种经济模式，也不论这些国家处于何种发展阶段，均会对涉及国家安全的外资并购予以限制。总体看，对外资并购的限制更严格，这似乎是在全球经济一体化发展态势下，各个国家为了保障自身利益的应急反应。❶ 竞争性国企混改背景下，我国理应在《外商投资法》《外商投资法实施条例》中补充细化关于国家安全审查的相关规定，吸纳《外商投资安全审查办法》的相关规定，提升该办法对竞争性国企混改中外商资本审查的可操作性。同时，建议对《外商投资安全审查办法》中的申报范围加以完善，在实际控制权标准上，涉及国企混改需要对外商资本进行审查时，无论外商资本是否取得实际控制权都应接受审查，确保实现外商资本参与竞争性国企混改实践的全覆盖。当然，竞争性国企混改中，为保障国家安全，除了对引入的外商资本进行安全审查，也可以在《公司法》框架内，通过规范公司章程、国有资本持黄金股等方式，对外商资本可能存在的危害国家安全行为加以防范。作为黄金股的创设国家，英国的本意即在防止外国投资者全面操控本国重点企业董事会，从而为国家安全设置一道"安全阀"。

为提高非公有资本参与混改的积极性，还应完善非公有资本的退出机制。各地应尽快修正国企混改操作指引规范中规定的"必要时可以设置有条件的退出条款"等"不良导向性条款"。建议拟混改国企尽量不针对民营资本设置禁转期限，若有必要，也需与民营资本协商一致，不可由拟混改国企在制定混改方案时单方强制设置。在不设置禁转期限的情况下，民营资本只要符合《公司法》规定的相关程序，即可依法转让、退出，对于其可能存在的道德风险，则可通过其他配套措施加以防范，比如事前进行充分的尽职调查等。此外，为防止公司大股东滥用控制权损害

❶ 国家发展改革委体改司编：《国企混改面对面——发展混合所有制经济政策解读》，人民出版社 2015 年版，第 69—70 页。

中小股东权益，可探索在《公司法》第 89 条规定的 3 种情形后增加"股东大会作出的决议使中小股东权益受损的其他情形"等兜底性条款，为中小股东及时退出提供法律依据。此外，国企混改背景下，还应完善收购价格评估机制，现有规定仅将收购价格笼统表述为"合理价格"，而民营资本作为中小股东时，由于地位上的劣势往往没有足够的议价权，从而导致中小股东为及时退出而在收购价格上有所让步，利益也会因此受损。

四、不同混合程序的法治化：约束与激励并举

在吸收地方立法经验的基础上，制定竞争性国企决策审批程序规范。一方面，应设定不同标准对拟混改国企进行分类审批。考虑到国有企业"三重一大"决策机制，基于混合所有制企业的功能定位确定决策审批程序是合理的，主业处于关系国家安全、国民经济命脉的重要行业和关键领域，主要承担重大专项任务的企业与其他功能定位的混合所有制企业，其混改方案审批机构应该不同，如此在提高混改效率的同时，还能分散单一部门集中审批的压力，此外，还可分散权力，达到预防权力寻租的目的。另一方面，应确定不同功能定位的地方国企混改方案审批机构，一般为国资委、地方人民政府、地方国有企业。虽然前文提到的青岛、北京、上海等地对审批机构的分类不同，但有审批权的也就这些部门，不同的是，有些情形只需单一部门审批即可，有些情形则需要两个部门双重审批。当前，无论是《鼓励"双百企业"改革创新通知》还是《操作指引》，都以中央企业为对象采取分类审批模式。其实，对于地方国企混改方案决策与审批程序，也不应完全由各地国有资产监管政策规定，国资委可根据具体情况确定不同的地方审批部门，如此可对地方国企混改方案的决策与

审批程序进行一致性指引，提高规范程度。

尽快修订《评估办法细则》，构建国有资本与民营资本共同委托第三方评估机制。国企混改背景下，无论是 2020 年修订的《评估办法》，还是 1992 年出台的《评估办法细则》，从评估资产范围及评估程序方面都难以满足资本混合的现实需要，还需基于国有资产改革发展的要求，结合当前国有资产评估管理实践需要，系统修订相关规定。国企混改中，合理合法评估国有资产是"混"成功的关键，于国有资产而言，在混改启动之时就有效地防止了国有资产流失，同时也为后续的资产保值增值确立了基准，于非公有资本而言，能够确保公平公正地"买入"，对混合所有制企业资产也可以充满合理预期。在评估资产范围上，还应结合时代发展，在细则中对无形资产评估相关内容进行更新完善，以确保评估规范对所有形态资产均可适用，且具备可操作性。此外，在评估程序上，也需基于国企混改设置专门程序，引入国有资本与民营资本共同委托第三方评估机制，确保公平公正。当然，考虑到国有资产的特殊性，国有资产监督管理机构代表全体人民履行监管职责，也应参与其中。为兼顾第三方公平公正评估及国有资产监督管理机构合理监管，可对国有资产监督管理机构、评估行政管理部门、评估行业协会等国有资产评估各监管主体的职责予以界定和规范，建议采取事后监督，即第三方评估后以结果备案的方式进行监督，同时明确法律责任，确保不越位、不缺位。

竞争性国企混改中应构建细致的容错纠错机制。受限于一般性容错纠错机制顶层设计缺失、地方规定各异，国企混改相关政策文件都是形式化提及容错纠错机制，并不具备任何可操作性。国企混改还是需要由国企的领导干部启动，而国有企业自身具备的政治特性，以及《监察法》明确将"国有企业管理人员"纳入监察范围的客观现实，使国有企业的领导干部畏首畏尾、犹豫不前，难以承担改革失败的风险。风险与改革并存的现实决定了容错纠错机制构建的必要性。作为激励机制，竞争性国企混改中容错纠错机制构建的核心在于合理合法地设置其适用范围、适用对象、适用条件，意即"什么人员在什么条件下才能适用容错纠错机制"。从实质要素层面来看，考虑到容错纠错机制适用的前提是涉案人员被依法问责，因此，适用范围、适用对象、适用条件等规范的设计，应充分考量现有的问责相关法律法规及中共中央办公厅印发的《关于进一步激励广大干部新时代新担当新作为的意见》（以下简称《意见》)，并与之精神相吻合。具体分述如下。

其一，适用范围应仅限于国企混改。从容错纠错机制的设立初衷来看，2006 年 3 月发布的《深圳经济特区改革创新促进条例》是国内第一部以规范创新活动为主题的地方性法规，其第 41 条规定："改革创新工作未达到预期效果，但同时符合以下情形的，可以免于追究有关人员的责任：⋯⋯"该条可以被称为容错纠错机制的萌芽，其立法之意非常明确，即打消对个人风险的顾虑，以促进改革创新。此后，各地相继出台的政策文件，诸如《重庆市促进开放条例》《广西北部湾经济区条例》《安徽省促进皖江城市带承接产业转移示范区发展条例》，以及中共中央办公厅印发的《意见》等，也都将容错纠错机制的适用范围限于改革创新。可见，仅在改革创新领域适用容错纠错机制已成为政策共识，而这也与容错纠错机制鼓励创新、宽容失败、保护干事创业者积极性的意旨相契合。倘若国有企业特定人员被问责是因为日常经营事务，而非参与国企混改，那么这本就不具备容错纠错机制启动的前提，不应适用容错纠错机制。

其二，适用对象应仅限于国有企业管理人员。容错纠错的前提是问责，容错纠错机制的适用对象也应与法定问责对象相吻合。《监察法》是在中国共产党的领导下制定的第一部国家反腐败专门法律，它的出台实现了对所有行使公权力的公职人员的监督，也为容错纠错机制的适用确定了对象范围❶，明确了国有企业的问责对象为"国有企业管理人员"。作为配套法律，第十三届全国人大常委会第十九次会议通过的《公职人员政务处分法》规定的公职人员范围与《监察法》一致❷，亦明确了国有企业的问责对象为"国有企业管理人员"❸。其实，有些地方政策文件早已将国有企事业单位的干部作为容错纠错机制的适用对象，如《泰州市进一步健全容错纠错机制的实施办法》等。❹竞争性国企混改程序复杂，其间不仅有国企领导干部参与，一般性管理人员也将全面参与，他们都可能为国企混改作出贡献，也因此被确定为监察与问责对象，应当纳入容错纠错机制适用对象范围，以鼓励其改革创新。

其三，适用条件应以现行问责相关法律法规为标准，严格客观地考察特定案例中涉案人员犯"错"时的主观意图、主观工作状态以及犯"错"后的主观表现、造成的危害后果。问责相关法律法规既包括《中国共产党纪律处分条例》《刑法》《监察法》等，还包括国有企业特定问责法律法规，比如《企业国有资产法》《暂行条例》《管理办法》《中央企业违规经营投资责任追究实施办法（试行）》等。所容之"错"应限为在推进改革创新中因缺乏经验、先行先试、尚无明确限制的探索性试验产生的失误

---

❶ 参见《监察法》第15条规定。
❷ 参见《公职人员政务处分法》第2条规定。
❸ 参见《公职人员政务处分法》第21条规定。
❹ 参见《泰州市进一步健全容错纠错机制的实施办法》第3条规定。

错误，为推动发展的无意过失。以犯"错"时为考察节点，基于"错"的不同形态，考察内容与方向应不同。一方面，因缺乏经验产生失误错误时，应严格考察涉案人员的日常工作职责、工作期限、有无工作调动以及有无事前报告等情形；因先行先试、尚无明确限制的探索性试验产生失误错误时，应严格考察涉案人员在执行公务时认为上级的决定或命令有错误，是否向上级提出异议❶，在进行探索性试验时是否明示法律风险提交决策机关讨论，以及在决策机关集体讨论决策草案时是否对存在严重失误的决策提出异议❷，以"集体研究"形式实施行为被问责时，作为具体执行人员，是否提出过反对意见❸，等等；"无意过失"的界定应重点考察涉案人员行为时的主观意图及主观工作状态，是无意还是故意，"过失"发生的原因是能力不足还是疏忽大意或过于自信。另一方面，无论哪种"错"，犯"错"后的主观表现❹及造成的危害后果❺都应为法定考察内容，主观表现如有无主动交代违法违纪行为，是否配合组织核实审查、如实说明违法违纪事实，有无主动采取措施有效避免或者挽回损失、消除不良影响或者有效阻止危害后果发生，有无主动上交违法违纪所得，有无在违纪行为情节轻微时经过批评后改正，以及有无其他立功表现，等等；造成的危害后果如有无造成一定的经济损失、不良影响，后果的

---

❶ 参见《公务员法》第 60 条规定，国有企业管理人员同样适用。

❷ 参见《重大行政决策程序暂行条例》第 25 条第 2 款规定。

❸ 参见《最高人民法院 最高人民检察院关于办理渎职刑事案件适用法律若干问题的解释（一）》第 5 条第 2 款规定。

❹ 参见《中国共产党纪律处分条例》第 17 条规定、《行政机关公务员处分条例》第 14 条规定、《最高人民法院 最高人民检察院关于办理渎职刑事案件适用法律若干问题的解释（一）》第 8 条第 3 款规定、《监察法》第 31 条规定、《公职人员政务处分法》第 20 条规定。

❺ 参见《最高人民法院 最高人民检察院关于办理渎职刑事案件适用法律若干问题的解释（一）》第 1 条规定。

严重程度，等等。当然，从证据法律规范角度来看，无论是犯"错"时的主观意图及主观工作状态，还是犯"错"后的主观表现及造成的危害后果，都应有相关记录在案或其他法定证据以备查实。在现有的制度框架下，如此设立国企混改容错纠错机制适用的客观标准，既能确保容错纠错机制的规范适用，亦能为广大国有企业管理人员留有一定的制度空间，从而鼓励其放手开展国企混改，尽职尽责，不被现有问责相关法律法规所限制。

此外，还应常态化发布容错纠错典型案例。"案例是活的法律，是法律观念、法律理论、法律条文在法律实践中的交集、融汇、阐释与应用的结晶，……发挥案例的作用是各国的普遍作法。"❶"案例作用机制在我国当前司法实践中的作用毋庸置疑，但其非司法实践所专属，作为连接'法'与社会实践的桥梁，当应普遍适用于'法'实施领域。容错机制的实施即将国家及地方政策文件实施于特定容错案件，亦需案例作用机制的发挥。"❷典型案例的规范书写应该兼顾待容错案件的基本事实、得以宽容的应有说理以及严谨翔实的合法程序。

其一，待容错案件的基本事实应当包括待容错对象的职务、职级与级别，担当作为的具体工作，以及造成的负面后果三部分。案例的书写不是目的，而是为了类案能有效参照。容错机关援引类案时，特定案例与典型案例的事实相近是选择典型案例作为参照的重要标准，如此基础上得以借鉴的容错机制适用规则才有意义。此外，鉴于典型案例的整理及编排者并非原案例的"制作者"，撰写典型案例基本事实时，应与原案例事实保持一致，

❶ 秦宗文：《案例指导制度的特色、难题与前景》，《法制与社会发展》2012年第1期，第98页。
❷ 殷书建：《容错机制典型案例：功能、问题及机制构建》，《理论与改革》2020年第4期，第177页。

不可偏离。其二，得以宽容的应有说理应当包括法律或政策依据及其相应的适用过程、适用结果。容错机制典型案例中的说理部分作为连接容错案件事实与法律或政策文件的桥梁与纽带，对于参照者来讲，同样是最有权威的部分。典型案例示范指导作用的发挥，也正是基于说理部分。作为桥梁与纽带，说理部分亦具有一定的解释意义，说理部分的书写应该遵循合法合理原则，有相应政策依据支撑，也需避免主观性过强，以免超越了相关法律法规以及国家或地方政策文件规定的裁量尺度。尤须注意的是，容错案例虽然不像司法案例能产生较强的舆论冲击力，但其隐性"对立面"是社会公众，对抗程度更高，社会效果考验期限更长，天然带有社会属性的干部容错实践随时存在涉舆风险，这对案例的可接受程度提出了更高要求。案例发挥作用的关键在于通过特定案例的释法说理实现精神传导，以达到社会秩序维护之目的，应提升案例说理的可接受性以强化其示范指引价值。外部行政环境、认定机关倾向、评价与激励机制、行文规范与论证方法是影响干部容错案例说理部分的核心因素，也是提升说理可接受性的指引路径。应建立繁简分流、案例公开、评价激励、说理责任、规范指引等外部机制保障说理的可接受性，从合理性、针对性、充分性、规范性、有效性等方面，构建干部容错案例说理具备可接受性的评价标准，从干部容错案例说理的体例格式、语言表达、表现形式等方面入手，确保说理符合内在技术规范。说理应注重使用消极修辞强化论证效果，以具有可接受性为最终目标，综合运用容错规范解释、理由论证等多种方法。其三，严谨翔实的合法程序应当包括申请（问责程序由问责机关主动启动，不存在申请）、受理、启动、调查核实、作出认定、结果反馈、公示公开以及存档备案。容错机制在给容错机关留有一定裁量空间的前提下，对容错机关的权力应当进行限制。正当合理的程序设置，在对公权力形成制衡的同时，亦能彰显民主正义。容错机制适用过程中的程序遵循也与对公职人员问责处分时必须依法定程序进行的法律法规规定一脉相承。

第三节　混合所有制企业公司治理机制的法治化

国资监管模式从管资产到管资本的转变，彰显了政企分离的决心，其规制思路也应紧跟转变，实现区别规制，也可借此细致梳理相关法律法规的规制对象，调整规制内容，增强可操作性。前文已述，同为国家所出之"资"，国有资本与国有资产源于不同的市场主体，国有资本源于投资者，国有资产源于企业，因此，公司治理机制应以资本与资产为调整对象进行区别规制，区分出资人的股权行使、股权监督与国资监管机构的行政监管。之于混合所有制企业这一含国有股东的特殊主体，国有资本作为股东的出资形态，当由《公司法》进行调整，国有资产作为投资者投入后形成的企业资产，当由《企业国有资产法》《暂行条例》《管理办法》等国有资产监管法律法规一并调整。

一、规制思路：用规范确定政企边界，促进"管"的法治化

过往，政府与市场、企业难以分离，国有企业由于有政府

兜底而经营效率低下，受制于政府的过多干预而丧失自主性，以致出现所有者缺位、内部人控制等问题。随着以"管资本"为主的国资监管体制确立，单方的"管人管事"开始向"法人治理结构"转变。思路固然是好，但国有企业毕竟不同于一般性市场经济组织，全体国民作为所有人，授权政府作为出资人，行使出资人权利，享受出资人权益。不同于一般股东，政府天然享有政策与资源优势，不可避免地在涉及自身利益时干预过多，该问题在国企混改背景下势必会被无限放大，如不加以限制，则又会重回过往政企难分的怪圈，也会打击外部投资者参与国企混改的信心，甚至导致国企混改失败。当然，新型国资监管体制促使职能转变，通过改组新建国有资本投资公司、运营公司作为履行出资人职责的机构，以减弱政企关联。政府虽授权其他部门、机构履行出资人职责，但代理人的行为后果由被代理人所承担的现实，使政府总是难以"收手"。法治是治国理政的基本方式，要运用法治思维和法治方式梳理政府与市场、企业的关系，用法律手段实现政府对混合所有制企业法人治理结构的合法干预，清晰界定企业运转中国有资本出资人代表、国资监管机构的权责边界，将有为政府与有效市场并重，实现"管"的法治化。

二、优化章程编制

国企混改是国有企业与外部投资者协商一致的结果，混合所有制企业是双方协商一致的结晶，章程则是双方协商一致意思表示的最终载体。作为"软法"，其承载着推动国有企业从行政化治理到市场化、法治化治理的重要使命。从合同理论来看，一旦混合所有制企业成立，双方需要受章程约束。混合所有制企业的章程要具体明确地全面规范公司名称和住所、公司经营范围、公司注册资本、股东的姓名或名称等，尤其是那些直接影响双方权责的核心条款，比如股东权利、义务，股东出资方式、出资额，公司的机构及其产生办法、职权、议事规则，等等。对于《公司法》中多处规定的"由公司章程规定"，要结合法律规定在章程中加以细化，以防出现章程与《公司法》两不清晰、规范缺位的现象。此外，章程要充分体现双方投资意志，对于国有股东而言，提高国有企业活力、确保国有资产保值增值是混改目的，由此，需要根据不同国有企业的经营范围，确定股权占比最低限度，并辅之以相应的国资监管。相较于公益性国企，竞争性国企本身的市场化程度更高，承受着优胜劣汰的风险，政府应尽可能降低国有股东持股比例，以参股形式进行混改，给予竞争性国企充分的经营自主权。关于国资监管，章程可明确党组织在公司决策时应区别对待国企控股公司与国企参股公司，灵活把握监管程度，党组织应参与发表意见，但也应注意尺度和分寸，应更多关注国有资产在特定投资经营中的风险防控，而市场经营策略等应由各方委派的董事加以探讨。国企参股公司中，国有股东持股比例较低，政府本身的发言权有限，党组织应通过在决策后备案的形式体现适当的克制，让企业自主作出决策，原因有二：一则市场本就风险与收益并存，国企混改的目的是实现国有企业市场化与竞争中立；二则国资委作为国有资产监督管理机构，从外部时刻发挥着监督与管理国有资产的作用，以防范国有资产流失。

混合所有制企业的章程还应重点关注公司治理僵局，纠纷解决一向是合同理论的重要组成部分，混合所有制企业涉及不同背景、不同理念、不同目标的国有股东与非国有股东，公司治理僵局很难完全避免，比如股权对等时可能产生的决策僵局，国有股东与非国有股东分任董事长与总经理时可能产生的运营僵局，等等，可通过在章程中专门设置股东意见不同时的解决策略等相应条款加以解决。还需注意的是，混合所有制企业的章程还应明确合作期限，一则稳定外部投资者的心理预期，二则防范外部投资者的道德风险。因此，章程不仅应内容明确，更应对非国有股东受让国有股权后的再次转让设定条件，仅在满足特定条件时外部投资者才可转让股权，比如权益明显受侵害等。考虑到混合所有制企业中股东之间获取资源的能力悬殊，为确保章程公平公正地拟定及有效实施，还可以尝试构建第三方监督机制，第三方代表可邀请政府代表、社会公众代表、企业代表、行业代表等多方主体共同参与，明确机制启动条件，在不影响企业运营的前提下，纠正章程制定及执行偏差。

三、以国有股东参股为原则设计持股比例

股权结构是公司治理结构的起点与核心。考察《公司法》的相关规定，其中有几个比例是需要关注的，即 2/3、1/2、1/10、1%。2/3 即指《公司法》第 66 条第 3 款和第 116 条第 3 款所规定的股东对特定事项（修改公司章程，变更公司形式，公司合并、分立、解散，增减资）的表决享有绝对控制权的最低比例；1/2 即指《公司法》第 116 条第 2 款所规定的股东对一般事项的表决享有相对控制权的最低比例；1/10 则指《公司法》第 62 条第 2 款所规定的提议召开临时会议的最低比例，第 63 条第 2 款所规定的自行召集和主持股东会会议的最低比例，第 113 条所规定的召开临时股东会会议的最低比例，第 114 条所规定的自行召集和主持股东会会议的最低比例，第 123 条第 2 款所规定的提议召开临时董事会会议的最低比例；1% 则指《公司法》第 115 条

第 2 款所规定的提出临时提案的最低比例。以上几个比例，都将影响股东的话语权分配。

　　竞争性国企混改中，国有股东与非国有股东也可以根据市场需要对股权比例进行差异化设计。混合所有制企业中的国有股东与非国有股东，不同于普通企业的股东，天然带有公共利益属性的国有股东肩负着国有资产保值增值任务，难以承受巨大的市场风险；非国有股东参与混改亦难以承受政府的强烈干预和优势滥用，意在追求参与混改及混合所有制企业治理的意思自治。当然，差异化股权设计也具备一定的法理基础，即股权平等原则。该原则包含股份内容平等和股权比例平等两层含义：股份内容平等强调持股类别相同的股东在权利内容上平等，持股类别不同的股东在权利内容上可以不同；股权比例平等强调持有相同内容和相同数量股份的股东在基于股东地位而产生的法律关系中享受相同待遇。股权平等原则只能是机会上的平等，而非结果上的平等，是一种动态的平等，而不是静态的平等。❶ 此外，《公司法》第 65 条在规定有限责任公司股东"按照出资比例"行使表决权的同时，还规定可以由股东通过章程对表决权加以自主约定，甚至《公司法》第 227 条还规定有限责任公司增加注册资本时，股东在同等条件下有权优先按照实缴的出资比例认缴出资，但同时全体股东还可以约定不按照出资比例优先认缴出资。

　　从整体上看，混合所有制企业当然需要制衡与效率兼具的股权比例设计。从国有股一股独大的情况来看，应该首先分散股权，只有股权分散，才能解决国企经营受行政干预的问题，才能解决国有股一股独大的问题，也才能真正建立起运转协调、制衡

---

❶ 刘俊海：《公司法学》，北京大学出版社 2020 年版，第 139 页。

有效的治理机制。❶对拟混改的国有企业而言，股权设计通常有
两种情况：一种是借助混改对接外部市场资源，提高企业活力，
此种情况下国有股权比例仍然较高；另一种是有些国企希望通过
国有资本有序进退，实现国有股权流动，以及优化国有资本布
局，或者在某些竞争性企业股权退出时，国有股权可以参股，构
建相对分散的股权结构。对国有股东而言，一种相对分散的股权
结构，一是能体现各种机制的融合和制约作用，二是国有股权只
需相对占优就能继续发挥作用，三是弱化了集中性股权结构可能
带来的治理矛盾。❷国企混改实务中，知本咨询国企改革研究院
国企改革专家陈俊豪认为，对大多数混合所有制企业而言，"'最
佳'股权结构可能为国有股比不高于50%、不低于33.34%，社
会资本股比不高于33.33%、不低于10%，核心团队持股不低于
5%。在这种股权结构中，由于存在股东与股东之间、股东与经营
者之间协商的机会，国有股东、非国有股东、管理层都不能按照
一己之见通过公司的重大决策，制衡机制随之产生。当然，在此
情况下，不同类型股东和可能来自于不同提名方式的管理层都要
积极作为，否则有可能出现控制权不清晰、内部人控制及无股东
对公司负责的共输局面"❸。

　　目前，我国在竞争性行业还保留部分国有资本，主要是基
于以下考虑：一是实现政府调控经济的职能，二是确保经济运行
稳定，三是加快产业结构的调整和优化。❹某些竞争性国企在仅

---

❶　顾功耘：《论国资国企深化改革的政策目标与法治走向》，《政治与法律》2014年第
　　11期，第87页。

❷　刘斌：《国企混改实战100问》，中国人民大学出版社2020年版，第138—139页。

❸　陈俊豪：《混改企业最佳股权结构探讨》，"混改风云"微信公众号，https://
　　mp.weixin.qq.com/s/rFJJQBhTHLKXvNserqsvxQ，最后访问日期：2024年12月5日。

❹　兰有金：《国企混改新时代》，中信出版集团2019年版，第188页。

借助混改对接外部市场资源、提高企业活力时，还需保持国有股控股，一方面可以提高国有股东的话语权，另一方面也可规避股权过于分散可能导致的经营效率低下、所有者缺位以及内部人控制等问题。但在混改需顺利引入外部投资者的特殊背景下，国企的控股需要与外部投资者对混合所有制企业中话语权的看重产生了矛盾。国企尤其是竞争性国企混改本就欲在打破国有股一股独大局面，实践中有些外部投资者因担心话语权丧失而畏于参与混改，甚至止步谈判。国外国企改革实践中运用的诸多类别股，其实可以为我国国企混改所借鉴。"普通股是指传统的、完整具有股权各项权能的股份，而类别股是指股东权利在某些方面有所扩张或限制的股份类型。其理论基础是股权的各项子权利可相互分离，重新组合。……类别股股东所享有的权利具有债权和股权的双重属性，其实质是在股权内容切割基础上的债权和股权的混合。"[1] 考察国外改革实践，类别股基于不同目的有很多种类，比如转让受限制股份、附带拒绝权股份等。"混合所有制不能成为新一轮瓜分国有资产的盛宴"[2]，我国竞争性国企改革实践中，倘若国有企业拟控股的目的仅为维持控制权，掌控公司经营，那么完全可以使用国外实践中常用的黄金股与加权股。黄金股又称金股，意为该股份虽少，且股东不享有表决权和分红权，也不介入公司日常经营管理，但在公司重大经营决策时享有一票否决权。英国电信公司和巴西石油公司是典型代表。加权股俗称双层股权结构，它是指在使用类别股的公司中，某一类股份拥有比普通股份更多倍数的表决权。[3] 不同于黄金股，加权股享有表决权，可

---

❶ 朱慈蕴、沈朝晖：《类别股与中国公司法的演进》，《中国社会科学》2013 年第 9 期，第 149—150 页。

❷ 蒋大兴：《合宪视角下混合所有制的法律途径》，《法学》2015 年第 5 期，第 49 页。

❸ 吴越：《国企"混改"中的问题与法治追问》，《政法论坛》2015 年第 3 期，第 33 页。

以参与公司经营决策，能够在不控股的前提下实现控权的目的，可在本需控股以达控权目的的国有参股公司中加以运用。竞争性国企混改实践中，外部投资者的投资比例难以达到控股比例，但又需要较多表决权的混合所有制企业，或者通过债转股方式实现混改，但外部投资者无表决权的混合所有制企业，再或者国企必须控股，但需要以固定收益吸引外部投资者的混合所有制企业，都可以借鉴国外的无表决权优先股制度，即虽无表决权，但可以优先获得收益。优先股制度其实有着广泛的运用，可以服务于不同的目的，它既可以用于确保国有资本的收益，也可以反过来用于吸引民营资本，这将有助于国企根据自身的特点，因"企"制宜制定适合自身的改革方案。❶"类别股的创设需要根据不同投资者之间的协商确认，并通过公司章程予以记载，且通常为公司法所规定的必要记载事项。这是因为公司的资本结构（债权、股权的比例）如何构成，关系到债权人和后续投资者的利益，需要在公司章程中公示。未经公示，创设的类别股不成立。"❷类别股通过章程加以约定，充分体现出这是国有资本与非公有资本双方合意的结果，可以在竞争性国企混改中实现不同混改情形下的差异化股权结构设计。例如，在不同的公司中，黄金股可能仅仅是有权针对解散公司或者创新股票进行表决，也可能是对公司主要资产（通常至少占总资产 25% 以上）或某些特殊资产的出售拥有否决权。❸《国有企业改革指导意见》《发展混合所有制经济意见》等国企改革相关政策都明确了可以适时探索完善优先股和国家特

---

❶ 吴越：《国企"混改"中的问题与法治追问》，《政法论坛》2015 年第 3 期，第 33 页。

❷ 朱慈蕴、沈朝晖：《类别股与中国公司法的演进》，《中国社会科学》2013 年第 9 期，第 150 页。

❸ 转引自王勇、邓峰、金鹏剑：《混改下一步：新时代混合所有制改革的新思路》，清华大学出版社 2018 年版，第 81 页。

殊管理股的方式，给类别股的设定留足了空间，竞争性国企混改中可以适时选择借鉴使用，并在条件成熟后，由国务院在国企混改相关促进法规中加以法定化。

当然，若混合所有制企业确需国有控股，可以尝试实行强制性累积投票制，以保护中小股东权益。当前，我国《公司法》第117条明确了股份有限公司董事、监事选举的累积投票制，但局限于公司章程有规定或股东会决议的情形下，反观实践中，国有控股上市公司采用此制度的极少。在公司大股东享有极大话语权的情况下，累积投票制的顺利实施可谓困难重重，因此，可在国有控股公司中实行强制性累积投票制。

四、扩展董事会经营决策权限

作为股东与经理之间的决策机构，董事会在公司治理中享有决策权、人事任免权以及监督权，其中董事会会议集体决策制度在公司治理中极为重要。竞争性国企混改中，董事会作为受托人，是国有股东与非国有股东的共同代理人，以两方股东的意志为决策依据，对公司经营战略、人事任免发挥着不可替代的作用。厘清混合所有制企业董事会与国资监管机构以及履行出资人职责的机构之间的关系，是实现政企分离重要且行之有效的路径，其中包含两个方面：一是确立董事会中心主义，提高董事会的独立性及其在公司中的地位；二是完善董事会组成与选任机制，丰富董事类型，提高董事会内部决策的合理性。

我国《公司法》历来坚持股东会中心主义，股东会是公司治理的权力核心，决策事项采用资本多数决原则，股份多的大股东拥有更高话语权。在国企混改特殊背景下，国有股东大多仍处于控股地位，这种模式无疑提高了国有股东在混合所有制企业中的地位，对政企分离多有不利，与国企混改的初衷相悖。国资监管机构由"管人、管事、管资产"向以"管资本"为主的职能转变，也恰恰突显了董事会中心主义的公司治理理念，《公司法》应借竞争性国企混改之机完成股东会中心主义向董事会中心主义的转变。现代公司法发展的一个突出趋势就是股东与董事的职责划分，以及股东会与董事会的权责划分随着公司专业化经营与管理层权力的持续扩大日益明显，且越来越向保护董事经营权、防止股东对其不当干涉的方向倾斜。❶20 世纪中叶，英美法系与大陆法系都经历了董事会中心主义的变迁，典型国家如德国、意大利、美国、日本等，扩展了董事会的经营决策权限，比如美国《模范商事公司法》第 8.01 条第 2 项明确规定："公司的全部权力由董事会行使或由董事会授权他人行使；公司的经营活动和具体事务的管理工作在董事会指挥下进行；但公司设立章程和本法第7.32 条授权的协议另有约定的除外。"❷当然，无论是英美法系还是大陆法系，都经历了一个转变过程。我国修订《公司法》时应特别关注特定事项是否关乎股东自身利益，对董事会与股东会的权力加以合理配置。竞争性国企混改中可以合理利用章程，由非公有资本投资者与拟混改国企进行充分协商，适时以董事会中心主义为指引合理规范股东会与董事会的权力。

五、完善董监类型时向非国有股东倾斜

诺斯（North）的路径依赖理论（Path Dependence Theory）认为："人类社会中的技术演进或制度变迁均有类似于物理学中的惯性，由于规模经济、学习效应、协调效应、适应性预期以及既得利益约

---

❶ 叶敏、周俊鹏：《从股东会中心主义到董事会中心主义——现代公司法人治理结构的发展与变化》，《商业经济与管理》2008 年第 1 期，第 76 页。
❷ 刘俊海：《公司法学》，北京大学出版社 2020 年版，第 233 页。

束等因素的存在，使得制度变迁一旦走上某条路径，它的既定方向就会在以后的发展中得到自我强化，从而形成对制度变迁轨迹的依赖。"❶ 若干年来，政府与国有企业已经形成了行政干预与服从的治理惯性，引入外部投资者、优化治理结构、减少政府干预、实现政企分离是国企混改的重要目标。混合所有制企业虽含有国有资产成分，但无论是国有资产保值增值还是外部投资者实现参混目标，都决定着盈利目的应居首位，企业经营自主权至关重要。如果说从股权结构上尽可能降低国有企业的持股比例是减少政府干预的开始，那么在公司经营过程中，强化董事会、监事会对公司经营的监督则是防止国有股东"伸手过长"的有效方式。

除决策职能外，监督职能同样是董事会不可或缺的重要职能。因此，在扩展董事会权限的同时，还应对董事会的组成加以优化，以免形成新的内部人控制问题（通过控制董事会继而影响公司经营）。要增加外部董事尤其是独立董事的数量，充分发挥其监督与制衡作用，独立董事制度在一些西方国家被证明是一种行之有效并被广泛采用的制度❷，但其在我国的发展不尽如人意。根据《中国上市公司中小投资者权益保护指数报告（2015）》，在 1008 家国有控股上市公司中，独立董事比例达到 2/3 的仅有 3 家，占 0.3%；达到 1/2 但不足 2/3 的有 32 家，占 3.2%；达到 1/3 但不足 1/2 的有 964 家，占 95.6%；达不到规定比例 1/3 的有 9 家，占 0.9%。❸ 反观国外，比如新加坡航空公司，其董事会 9 名成员中有 7 名（包括董事长）是独立董事，

---

❶ 李威、熊庆年：《大学章程实施中的权力惯性》，《复旦教育论坛》2016 年第 6 期，第 78 页。

❷ 兰有金：《国企混改新时代》，中信出版集团 2019 年版，第 231 页。

❸ 徐怀玉、应慧燕、宋蕊：《国企改革大决战：五突破一加强操作指引》，企业管理出版社 2020 年版，第 111 页。

占比超过了 3/4，他们都是来自私营企业的商界人士。[1] 独立董事与公司股东独立，与公司没有过多联系，在公司经营决策中有着独立的判断，独立董事制度旨在抑制控股股东和管理层导致的内部人控制问题，进而维护公司利益。混合所有制企业可以借鉴法国电力集团，其董事会组成实行"三三制"，国有股东与非国有股东分占 1/3，独立董事占 1/3。除了数量，还要注重发挥独立董事的作用，公司应保证独立董事的知情权，及时定期向其汇报公司经营情况。可以尝试借鉴英国在混合所有制企业内部设立由独立董事参加的审计委员会、提名委员会和薪酬委员会作为必设机构。此外，兰有金老师提出的明确独立董事任期及轮换制度的观点颇有意义，他认为与国外相比，我国独立董事任期过长，必然导致所谓的"同化现象"，应予以调整，且任期届满应当采取轮换制度，不能连续两届担任同一家公司的独立董事。[2] 的确，独立董事在一家单位长期任职，势必会减弱自身的监督作用，一旦如此，独立董事制度也将失去存在价值。为确保独立董事的独立性，防止其被大股东所影响，可以对独立董事制度进一步完善，借鉴美国引入"管聘分离制度"。可以由独立第三方设立"独立董事库"，设库单位由证监会直接监管。"独立董事库"按行业分类，确保独立董事的专业性。"管聘分离制度"能有效防止在独立董事的选聘过程中，独立董事与公司大股东相勾结，确保独立董事的独立性。

　　当前，我国公司监事会普遍存在监督流于形式、监督职能弱化等问题，加之监督职能并不能带来明显的经营效益，由此

---

[1]　张文魁等：《混合所有制与现代企业制度——政策分析及中外实例》，人民出版社 2017 年版，第 274—275 页。

[2]　兰有金：《国企混改新时代》，中信出版集团 2019 年版，第 232 页。

监事会的监督职能并未得到重视。但在混改中，国有股东与非国有股东的背景不同，经营目标也存在些许差异，从"老三会"到"新三会"，更多地体现出公司内部治理均衡、公司决策效率提高。作为公司的法定监督机构，监事会在减少政府干预、防止国有资产流失方面有极其重要的价值。为此，一方面，应厘清监事会与其他具有监督职能的机构之间的边界，比如党组织、董事会等，明确监事会对公司经营决策的全面监督职责；另一方面，应引入外部监事，丰富监事来源，提高监事会的监督能力，鉴于国有股东惯有的强势地位，外部监事由非国有股东推选更为妥当。

六、构建职业经理人制度

作为所有权与经营权分离的产物，职业经理人制度在促使公司经营更加专业化的同时，将有助于进一步优化企业治理结构。实行混合所有制是职业经理人制度构建的前提，纯粹的国企或者民企，都难以孕育出真正的职业经理人。[1] 在国企混改过程中，现代企业治理结构的建设逐渐成为企业改革的重点之一，这也促进了混改国企职业经理人的产生，在混改国企中构建完整的法人治理结构是必然趋势，也是现代国有企业进一步发展的客观要求，只有进行科学管理，才能建立起有效的职业经理人制度。[2] 混合所有制企业中国有股东与非国有股东的混合，对公司经营管理的质量和价值提出了要求，这就需要企业治理结构进一步优化，经理层的独立性和专业性也要提高。职业经理人的引入，将

---

[1] 单金良：《国企 谁来做职业经理人？》，全景财经，http://www.p5w.net/news/gncj/201403/t20140313_516234.htm，最后访问日期：2021 年 1 月 16 日。

[2] 赵斌斌：《"混改"国企职业经理人生成机制研究》，安徽大学 2019 年博士学位论文，第 57 页。

进一步促使政企分离，激励经理人忠诚勤勉地完成经营工作，抑制控股股东滥用控制权及内部人控制。随着国企改革的深入，职业经理人制度也多次在政策中被提及，甚至不少地方已经出台了相关规范性文件，如无锡市《关于市属国有企业实行职业经理人制度的实施意见》《聊城市关于市属企业实行职业经理人制度指导意见（试行）》《温岭市直属国有企业职业经理人市场化选聘管理意见（试行）》及《怀集县国资监管企业所属企业实行职业经理人制度指导意见（试行）》等，而无论是《公司法》还是《企业国有资产法》，虽都有关于经理的规定，但未明确职业经理人资格、选聘以及权责等。职业经理人的产生有两种途径：其一，在企业外部的职业经理人市场上公开选聘；其二，内部经理人员转换。当前，我国职业经理人市场尚不成熟，在竞争性国企混改全面推进的背景下，可尝试内部经理人员身份转换。选聘机制上，可以增加董事会确定职业经理人选聘标准、转换标准以及报酬事项，对职业经理人选聘或解聘的职权；职责安排上，可以在《公司法》经理职权基础上进行适当拓展，应以公司经营业绩为主要考量，可借鉴美国"经营判断原则"的司法审查精神，即"我们推定公司董事在作出经营决策时，以充分信息为基础，并真诚地相信其行为符合公司的最佳利益。如果董事没有滥用决策权，其经营判断将受到法院的尊重。想推翻该经营决策的一方负有举证责任"[1]，辅以忠诚、勤勉义务，以提高职业经理人的独立性与积极性。

---

[1]　转引自王建文：《论董事"善意"规则的演进及其对我国的借鉴意义》，《比较法研究》2021年第1期，第106页。

第四节　国资监管体制的法治化

一、规制思路：以资本与资产为调整对象区分规制

《公司法》第七章"国家出资公司组织机构的特别规定"应明确党组织在不同国有企业的嵌入，将党组织政治监督职能法定化，完善国资监管体制。中共中央印发的《中国共产党国有企业基层组织工作条例（试行）》明确规定，国有企业在推进混合所有制改革过程中，应当同步设置或者调整党组织，理顺党组织隶属关系，选好党组织负责人和党务工作人员，有效开展党的工作，为党组织嵌入混合所有制企业提供了原则指引。当前，《公司法》第170条已明确规定："国家出资公司中中国共产党的组织，按照中国共产党章程的规定发挥领导作用，研究讨论公司重大经营管理事项，支持公司的组织机构依法行使职权。"笔者建议在此基础上区分国有独资公司、国有资本控股公司中党组织嵌入的不同程度。相较于新中国成立初期党委领导下的厂长负责制，现代企业制度中的党委会职能开始向政治核心方向转移。❶ 国有独资公司、国有资本控股公司的国有资产监管程度都比较高，除国资委的监管外，党组织也应适时发挥政治监督作用，重

---

❶　孙晋、徐则林：《国有企业党委会和董事会的冲突与协调》，《法学》2019年第1期，第125页。

大投资经营决策都需代表国家和人民的党组织严格把关，凡涉及"三重一大"事项，都应严格按照《关于进一步推进国有企业贯彻落实"三重一大"决策制度的意见》规定的基本程序，即党组织与董事会等一起，通过集体会议形式对职权范围内的"三重一大"事项作出集体决策。反之，在竞争性国企中，应由公司治理机构全权决策，一则尽可能实现政企分离，二则简化决策流程，提高投资经营效率，也符合非公有资本投资者的经营理念，提升其参与混改的积极性。当然，"放权"不代表"弃权"，即便国家参股，所参资本也属于国有资产，理应在国资监管范围内，应在不影响企业自主经营的基础上实施监管，比如可以采取事后备案制，即在类"三重一大"事项决策后向公司党组织备案等。

《企业国有资产法》应强化对国有资产的监管，国有企业治理结构相关规定应与《公司法》衔接好。为了维护国家基本经济制度，巩固和发展国有经济，加强对国有资产的保护，发挥国有经济在国民经济中的主导作用，促进社会主义市场经济发展，我国全国人大常委会于 2008 年 10 月 28 日通过了《企业国有资产法》。该法的制定起因于国有资产流失，由此，应基于防范国有资产流失的思路对其中不合时宜的相关规定进行修正，例如其中第三章"国家出资企业"、第四章"国家出资企业管理者的选择与考核"所包含的有关董事、监事及高管的规定。此外，该法第七章"国有资产监督"的规定过于形式化，完全可以放在其他章节，比如其中第 65 条关于审计机关的监督，"国有资本经营预算的执行情况"和"属于审计监督对象的国家出资企业"两项监督内容可以分别置于该法第六章"国有资本经营预算"和第三章"国家出资企业"中。

《暂行条例》作为规范国资监管体制的专门性行政法规，应为契合以"管资本"为主的新型国资监管体制而进行全方位修订。第 4 条对国有资产管理体制的释义应及时修改为"以管资本为主的国有资产监管体制",第二章"国有资产监督管理机构"、第五章"企业国有资产管理"、第六章"企业国有资产监督"应明确按照国有资产监管机构的监管职能,以及国有资本投资公司、运营公司获得各级人民政府授权履行出资人职责的职能加以修改。《管理办法》作为规范国有资产交易行为的专门性部门规章,亦应随之修订。该办法第五章为"监督管理",意在明确国资监管机构在企业国有资产交易中的监督职责,其规范设置理应符合以"管资本"为主的国资监管体制精神。但其部分规定仍混淆了履行出资人职责的机构与国资监管机构的监管职能,如第 53 条规定:"国资监管机构及其他履行出资人职责的机构对企业国有资产交易履行以下监管职责……"第七章"附则"第 64 条规定:"国有资本投资、运营公司对各级子企业资产交易的监督管理,相应由各级人民政府或国资监管机构另行授权。"笔者认为,应将国资监管机构明确为履行监管职责的机构,国有资本投资公司、运营公司为履行出资人职责的机构。

二、厘清国资委与国有资本投资公司、运营公司的权责边界

清晰的职能定位是厘清权责边界的关键。国有资本与国有资产区分规制思路下,无论是国有资本,还是国有资产,全体人民作为所有者都将是虚化的,政府作为全体人民的一级代理人,需要进行二次授权,设置相应的机构、部门等主体,代表全体人民对国有资本、国有资产在相应的领域行权履职。建议将国资委及国有资本投资公司、运营公司的职能定位及职责划分法定化,国

资委应作为国资监管机构，专司国有资产监管，国有资本投资公司、运营公司根据各级人民政府的授权应作为履行出资人职责的机构，专司履行出资人职责。

国资委的职责应着重于国有资产监督管理，意在行政监督，而非履行出资人职责。《暂行条例》全文涉及国有资产的监督管理，应在国资委国资监管职能法定化的前提下，进行系统化修订。其中，第 13 条是对国资委职责的专门规定，第 1 款第 1 项"履行出资人职责"、第 3 项"依照规定向所出资企业委派监事"、第 6 项"履行出资人的其他职责"等需要被剔除。此外，第三章"企业负责人管理"中，依照公司章程提出向国有控股、参股的公司派出的董事、监事人选等属于股东权利，应划归履行出资人职责的机构。第四章"企业重大事项管理"中，国有控股、参股的公司股东会、董事会决定公司的分立、合并、破产、解散、增减资本、发行公司债券、任免企业负责人等重大事项时，派出股东代表、董事，下发"发表意见、行使表决权"指示，并收取履职情况报告的主体应为履行出资人职责的机构，即国有资本投资公司、运营公司。第五章"企业国有资产管理"中，协调所出资企业之间的企业国有资产产权纠纷，对所出资企业的企业国有资产收益、重大投融资规划、发展战略和规划等依照国家发展规划和产业政策履行出资人职责的机构也不应再是国资委。

国有资本投资公司、运营公司应确定为获得国务院或地方人民政府授权、履行出资人职责的机构。授权的前提是有权，国资委专职国有资产监管后，不再享有出资人权利，此处对国有资本投资公司、运营公司授权的主体也不应再包含国资委。作为履行出资人职责的机构，一方面，基于《公司法》行使出资人权利，如表决权、收益分配权等；另一方面，在授权范围内做好国家出资企业与国家之间的桥梁与纽带，构建好国家意志在国家出资企业中的顺畅表达通道，并及时反馈国家出资企业的经营投资状况，汇报履职情况，确保国有资产保值增值。当然，这里的授权范围也应严格把控，避免国有资本投资公司、运营公司沦为政府"自己的手"，过度干预国家出资企业，形成另一番政企不分。《企业国有资产法》第二章专章规定了"履行出资人职责的机构"，其中第 11 条应明确履行出资人职责的机构是国有资本投资公司、运营公司，不建议再行设置根据需要授权其他部门、机构的规定，一则国有资本投资公司、运营公司本身已具备职能分工，且可在诸多行业组建或改组，二则根据需要授权的其他部门、机构，其职能与出资人职能难免会产生交叉。《暂行条例》第 12 条、《管理办法》第 53 条都是关于国资监管机构的规定，应删除履行出资人职责的机构的监管权力，相应条款应一并修改。

关于国有资本投资公司、运营公司的权力控制，亦即国务院或地方人民政府对其授权范围，以及国有资本投资公司、运营公司与国家出资企业关系的合理把控问题，可以借鉴与我国国有资本投资公司、运营公司相近的新加坡淡马锡控股私人有限公司（以下简称"淡马锡控股"），坚持"保持适当距离"原则。其一，淡马锡控股治理中，新加坡财政部作为股东和主管部门，其职责仅包括建议董事局主席、董事和总经理人选，审阅淡马锡控股每年提交的财务报告，召集淡马锡控股或其管理的相关联公司的会议，仅在战略产业方面讨论公司的绩效和计划。淡马锡控股选择经理人与政府完全脱离，而且可以在国际范围内寻找，统计显示，淡马锡控股旗下政联公司的董事有 15% 不是新加坡人。❶ 国

---

❶ 王勇、邓峰、金鹏剑：《混改下一步：新时代混合所有制改革的新思路》，清华大学出版社 2018 年版，第 69—70 页。

务院或地方人民政府应将国有资本投资公司、运营公司的汇报内容有限化、清单化，不通过国有资本投资公司、运营公司干预国家出资企业的公司治理结构、自主经营意志，增强国有资本投资公司、运营公司的经营自主性。其二，淡马锡控股为新加坡国有独资公司，属于政府的产权代表，直接对财政部负责，其诞生是为了取代经济发展局专门经营管理之前新加坡政府投到各类国有企业的资本，它基本不参与淡联企业（淡马锡控股的下属政联企业，类似于我国国家出资企业）的商业决策或运营，但并未放弃监管，而是采取"保持适当距离"原则，淡联企业的董事长和总经理必须由不同的人担任，尽可能推荐具备企业界和公共服务界双边代表性的人员出任董事，其中独立董事占多数。❶ 国有资本投资公司、运营公司的产生目的即促使政企分离，作为出资人代表，也不可过度干预公司治理，应区分国有独资公司、国有控股公司及国有参股公司，增加独立董事人数，在通过公司章程构建决策冲突难以解决的应对机制的前提下，与外部投资者协商分任董事长和总经理，增强企业内部决策的合理性。

此外，还需提及的是，作为履行出资人职责的机构，国有资本投资公司、运营公司势必需要"量"的增加，扩大覆盖面。当前混改实践中，中央企业 19 家试点国有投资公司多数具备自身业务规模大、产业结构多元化的特点，而以此为标准，考虑到我国各省份经济规模差别较大的现状，地方改组国有资本投资公司、运营公司将面临较大挑战。因此，如何在地方改组国有资本投资公司、运营公司以及切实从内到外做到向投资型公司转变是一个值得深思的问题。国家应适时出台相关改组、新建标准，

---

❶ 张文魁等:《混合所有制与现代企业制度——政策分析及中外实例》，人民出版社 2017 年版，第 281—285 页。

对中央和地方具体情况具体分析，并加强考核和投资运营绩效评价。

三、做好资本规范与资产规范的法法衔接

资本与资产区分规制思路，并非将两者完全分离。唯有内部、外部治理机制联合发力，才能实现混合所有制企业高效运转与国有资产流失有效防范。从规范层面来看，《公司法》与《企业国有资产法》、《暂行条例》等国资监管法律法规需要做到有效对接，既不能缺位，也不能越位。

《企业国有资产法》等国资监管法律法规应在国家出资企业人员管理方面与《公司法》的公司治理结构规范有效衔接。国资监管法律法规以监督管理国有资产为己任，对国家出资企业的人员管理应仅体现在监督管理层面。关于国有独资企业、国有独资公司高管兼职禁止规范，《公司法》应与《企业国有资产法》保持统一，《公司法》第七章"国家出资公司组织机构的特别规定"也应注重吸收《企业国有资产法》对国有控股公司、国有参股公司的高管在经营同类业务的其他企业兼职的禁止性规定。

《企业国有资产法》与《暂行条例》等国资监管法律法规要在区分国资监管机构与履行出资人职责机构的前提下，按照法律效力位阶高低做好衔接。《企业国有资产法》以企业国有资产为调整对象，更多的是对履行出资人职责机构的权责进行规制，应明确履行出资人职责的机构为国有资本投资公司、运营公司。《暂行条例》以企业国有资产监督管理为调整对象，应明确规定以"管资本"为主的国资监管体制，各级国资委为国资监管机构，并明确其监管职责，剔除履行出资人的职责。《暂行条例》应与《企业国有资产法》衔接，所涉出资人职责的具体条款与

《企业国有资产法》冲突时，应与后者保持一致，比如关于监事的委派，《暂行条例》应与《企业国有资产法》保持一致，规定履行出资人职责的机构代表国务院或本级人民政府委派监事，或者将《暂行条例》第13条第1款第3项"依照规定向所出资企业委派监事"的规定删除。同样，《管理办法》以企业国有资产交易监督为调整对象，该办法在吸收《企业国有资产法》国有资产保护精神的同时，应与《暂行条例》保持一致，比如第53条、第57条关于国有资产交易监督管理的主体，不应是"国资监管机构及其他履行出资人职责的机构"，而应是"国资监管机构"。

四、强化民事公益诉讼程序适用

混合所有制企业中，国有资产受损一般表现为两种形态：第一种，外部投资者委派的董事、监事、高级管理人员执行职务时违反相关法律法规或公司章程，对公司财产造成损失，其中包含国有资产损失；第二种，履行出资人职责的机构委派的股东代表、董事、监事、高级管理人员违法犯罪，造成国有资产流失。对于第一种，《公司法》第189条已经明确公司权益受损后的股东救济，即通过监事会、董事会进行维权，还规定了股东直接维权的情形。对于第二种，《公司法》第190条规定了董事、高级管理人员违反相关法律法规或公司章程以致股东利益受损的，股东可以提起诉讼，这也与《企业国有资产法》等国资监管法律法规中"履行出资人职责的机构委派的股东代表、董事、监事、高级管理人员违法犯罪造成国有资产流失，应承担赔偿责任"的规定一脉相承。但国有资本所有者为全体人民，无法作为原告提起诉讼，提起诉讼的主体只能是履行出资人职责的机构，即国有资本投资公司、运营公司。考虑到《公司法》中的股东一般为直接利害关系主体，而国有股东本身为长委托链条上的复代理人，主体意识难以把控，且董事、监事、高级管理人员多为其委派，如此诉讼效果难言满意。鉴于国有资产流失亦属于社会公共利益受侵，建议增加国有资产流失民事公益诉讼规范，丰富提起诉讼的主体，当然这在《民事诉讼法》中也有据可依，《民事诉讼法》第15条"支持起诉"、第58条"公益诉讼"相关规定中也已经明确人民检察院在履职中发现损害社会公共利益的行为，在没有法律规定的机关和有关组织或者法律规定的机关和有关组织不提起诉讼的情况下，可以向人民法院提起诉讼。目前，针对我国国有资产流失，大多由检察院提起行政公益诉讼，鲜见民事公益诉讼，亦可借此充实诉讼类型。诉讼提起主体可为国资委、检察机关，国资委为法定国资监管机构，有义务监管国有资产，且与履行出资人职责的机构权责清晰，检察机关也应基于《民事诉讼法》第15条、第58条的规定支持国资委提起诉讼。之于检察机关，考虑到当前国资流失的责任形态多为刑事责任或纪律处分，检察机关可根据案件线索适时选择提起民事诉讼。规范设置上，可借鉴环境公益诉讼❶与消费者公益诉讼❷，一方面由最高人民法院出台司法解释，另一方面在专门性法律即《企业国有资产法》中增设公益诉讼条款。

---

❶ 详见《环境保护法》第58条；2014年12月8日由最高人民法院审判委员会第1631次会议通过了《最高人民法院关于审理环境民事公益诉讼案件适用法律若干问题的解释》。

❷ 详见《消费者权益保护法》第47条；2016年2月1日最高人民法院审判委员会第1677次会议通过了《最高人民法院关于审理消费民事公益诉讼案件适用法律若干问题的解释》。

结　语

　　不同于其他经济组织，国有企业是一种特殊的经济组织，自产生就带有"国家光环"，加之此前国企改革不尽顺利的教训，以混改为主要形式的新一轮国企改革不免引起了外界的诸多质疑。当前，我国国企混改主要以政策推进为主，较于法律规范的精细、权威与稳定，政策推动稍显乏力，更是给外界尤其是非公有资本投资者留下"态度不够"的不好印象。在现代国家，法治是国家治理的基本方式，是国家治理现代化的重要标志，国家治理法治化是国家治理现代化的必由之路。❶ 国企改革作为国家治理在经济体制改革方面的具体体现，理应以法治为主要推动力有序开展，实现法律与政策的全面法治。在充分考量竞争性国企混改全局的基础上，通过细致梳理"混资本"过程与"改机制"运行两个方面可以发现，从混合模式、参混资本形态到资本混合程序，从法人治理结构到国资监管体制，尚存诸多困境亟待破解。无疑，竞争性国企混改法治化是一个长期且浩瀚的工程，竞争性国企混改法治体系需要结合混改实践经验逐步完善。当前，应以政策实施的背景与方向为指引，归纳总结竞争性国企混改实践经验，对相关法律法规予以修订，这也是立法自我反思与完善的难得契机。基于此，笔者结合前文分析与论证提出如下建议。

---

❶　张文显：《法治与国家治理现代化》，《中国法学》2014 年第 4 期，第 5 页。

一、以行政法规形式出台"竞争性国企混改促进条例"

当前，竞争性国企相关规范呈现杂乱状态，不成体系，难以全面助力改革，且以政策为主，可操作性不强。鉴于竞争性国企混改覆盖面较广之现状，建议国务院以行政法规形式出台"竞争性国企混改促进条例"，以此统筹兼顾不同层级的法律文件，实现相关内容衔接，强化既有竞争性国企混改实体及程序规范适用，解决当前《公司法》与《企业国有资产法》对竞争性国企混改难以全面调整的难题。"竞争性国企混改促进条例"应包含六章，分别为总则、组织管理、基本程序、激励保障、监督措施及附则。第一章"总则"应规定促进条例的制定宗旨、适用范围、竞争性国企混改应坚持的基本原则等。第二章"组织管理"应规定各级人民政府、国有资产监督管理机构、履行出资人职责的机构等主体在竞争性国企混改中的职责分工等。第三章"基本程序"应充分吸收《操作指引》的相关规定，从"混资本"到"改机制"，对可行性研究、制定混改方案、履行决策审批程序、开展审计评估、引进非公有资本投资者、推进企业运营机制改革等进行全面的程序规范。第四章"激励保障"应将晋升机制、物质奖励、绩效考核等方面制度化，对在竞争性国企混改中表现突出的个人、团体加以激励，明确相关法规会根据改革需要及时制定、修改或者废止，提供制度保障，还应专门设置容错纠错条款，明确其适用范围、适用对象、适用条件，激励拟混改国企的相关管理人员担当作为。第五章"监督措施"应明确规定人大及其常委会、国资监管机构、监察委员会、第三方机构等的监管职责，防范国有资产流失，保障非公有资本投资者的权益。第六章"附则"应对条例的施行时间、专业名词或专用术语的含义、授权制定实施细则（或办法）、条例解释权，以及条例与其他法律、法规或者规章的关系加以规定。

二、细化《公司法》第七章"国家出资公司组织机构的特别规定"的框架体系，分别规制国有独资公司与国有资本控股公司

具体建议如下：其一，将《公司法》第七章分为两节，"国有独资公司"为第一节，"国有资本控股公司"为第二节；其二，"国有资本控股公司"一节所涉规范，形式上与"国有独资公司"无异，但内容上应在保持常规公司治理结构的基础上，做好国有资产监管与企业市场化的平衡。此外，还应在章程载明事项中增加党组织条款、公司僵局处理办法等，必要时应对外公布两种公司形态下章程的参考范本，应将黄金股、优先股、加权股法定化，优化表决权相关规定。董事会、监事会相应制度设计中应明确，"职工代表及非公有资本投资者占比不低于1/3，具体比例由公司章程规定"，如此，在通过法律稳定非公有资本投资者预期的同时，也给国有资本与非公有资本投资者双方协商谈判留足空间。

三、以监管与履行出资人职责职能分离为基础，修订《企业国有资产法》、《暂行条例》以及《管理办法》

应借国资监管体制从"管资产"向以"管资本"为主转变之契机，将国有资产监管机构的监管职能与履行出资人职责职能分离法定化，全面修订《企业国有资产法》、《暂行条例》以及《管理办法》。具体修订建议如下。

其一，对《企业国有资产法》第11条第1款、第48条、第

64 条进行具体修订。将第 11 条第 1 款改为"国务院和地方人民政府组建的国有资本投资、运营公司，根据本级人民政府的授权，代表本级人民政府对国家出资企业履行出资人职责"。关于第 48 条，应在"国有独资企业、国有独资公司和国有资本控股公司应当委托依法设立的符合条件的资产评估机构进行资产评估"和"涉及应当报经履行出资人职责的机构决定的事项的，应当将委托资产评估机构的情况向履行出资人职责的机构报告"之间增加"国有独资企业、国有独资公司和国有资本控股公司采取混改方式改制的，应与非公有资本投资者共同委托依法设立的符合条件的资产评估机构进行资产评估"的规定。关于第 64 条，笔者建议增加"国务院国有资产监督管理机构和地方人民政府按照国务院的规定设立的国有资产监督管理机构，根据本级人民政府的授权，对履行出资人职责的机构履行职责的情况进行监督"作为第 2 款。

　　其二，对《暂行条例》第 4 条、第 6 条第 1 款、第 7 条第 2 款、第 10 条第 2 款、第 12 条第 1 款和第 2 款、第 13 条第 1 款第 1 项、第 44 条等进行具体修订。第 4 条中，将"管资产和管人、管事相结合"修改为"以管资本为主"。第 6 条第 1 款中，删除"依法履行出资人职责"。第 7 条第 2 款中，删除"政府其他机构、部门不履行企业国有资产出资人职责"。第 10 条第 2 款中，删除"除履行出资人职责以外"。第 12 条第 1 款和第 2 款中，删除"履行出资人职责"。删除第 13 条第 1 款第 1 项。将第 44 条修改为"政企尚未分开的单位，应当按照国务院的规定，加快改革，实现政企分开。政企分开后的企业，由履行出资人职责的机构依法履行出资人职责，国有资产监督管理机构依法对企业国有资产进行监督管理"。此外，将第 15 条、第 16 条、第

17 条、第 18 条、第 19 条、第 22 条、第 23 条、第 25 条、第 26 条、第 27 条、第 29 条、第 31 条、第 33 条中的"国有资产监督管理机构"修改为"履行出资人职责的机构"。

其三，对《管理办法》第 53 条、第 57 条进行具体修订。第 53 条中，删除"及其他履行出资人职责的机构"，第 57 条中，删除"及其他履行出资人职责的机构"。

参考文献

一、中文著作

1.顾功耘等:《国有资产法论》,北京大学出版社 2010 年版。

2.张维迎:《理解公司:产权、激励与治理》,上海人民出版社 2014 年版。

3.孙晋:《竞争性国有企业改革路径法律研究——基于竞争中立原则的视角》,人民出版社 2020 年版。

4.刘俊海:《公司法学》,北京大学出版社 2020 年版。

5.张文显主编:《法理学》,高等教育出版社 2018 年版。

6.张文魁等:《混合所有制与现代企业制度——政策分析及中外实例》,人民出版社 2017 年版。

7.王汉亮:《中国国有企业产权问题研究》,北京大学出版社 2003 年版。

8.王远明、蒋安:《国有企业改革的经济法视野》,中国人民公安大学出版社 2001 年版。

9.朱锦清:《国有企业改革的法律调整》,清华大学出版社 2013 年版。

10. 张泽一编著：《马克思的产权理论与国企改革》，冶金工业出版社 2008 年版。

11. 宋文阁、刘福东：《混合所有制的逻辑：新常态下的国企改革和民企机遇》，中华工商联合出版社 2014 年版。

12. 黄辉：《现代公司法比较研究——国际经验及对中国的启示》，清华大学出版社 2020 年版。

13. 康德琯、林庆苗：《国有企业改革的经济学与法学分析》，法律出版社 1998 年版。

14. 晓甘主编：《国民共进：宋志平谈混合所有制》，企业管理出版社 2014 年版。

15. 卫祥云：《产权的逻辑》，中信出版社 2014 年版。

16. 郑志刚：《国企混改：理论、模式与路径》，中国人民大学出版社 2020 年版。

17. 王勇、邓峰、金鹏剑：《混改下一步：新时代混合所有制改革的新思路》，清华大学出版社 2018 年版。

18. 国家发展改革委体改司主编：《国企混改面对面——发展混合所有制经济政策解读》，人民出版社 2015 年版。

19. 徐怀玉、应慧燕、宋蕊：《国企改革大决战：五突破一加强操作指引》，企业管理出版社 2020 年版。

20. 张文魁：《中国混合所有制企业的兴起及其公司治理研究》，经济科学出版社 2010 年版。

21. 张文魁：《混合所有制的公司治理与公司业绩》，清华大学出版社 2015 年版。

22. 徐晓松等：《国有股权行使和监管法律制度研究》，北京大学出版社 2016 年版。

23. 石予友：《混合所有制企业公司治理——利益冲突视角的

研究》，经济管理出版社 2010 年版。

24. 张培尧：《国有控股权行使法律制度研究》，中国法制出版社 2014 年版。

25. 姜涛、吴刚：《混合所有制经济理论与实践》，社会科学文献出版社 2015 年版。

26. 郑志刚：《中国公司治理的理论与证据》，北京大学出版社 2016 年版。

27. 郑志刚：《当野蛮人遭遇内部人：中国公司治理现实困境》，北京大学出版社 2018 年版。

28. 刘汉民：《企业理论、公司治理与制度分析》，上海三联书店、上海人民出版社 2007 年版。

29. 屈茂辉：《中国国有资产法研究》，人民法院出版社 2002 年版。

30. 本书编写组编：《国企改革若干问题研究》，中国经济出版社 2017 年版。

31. 徐怀玉、宋蕊：《国企混改：理论、操作与案例》，企业管理出版社 2019 年版。

32. 国务院国资委改革办编：《国企改革探索与实践——地方国有企业 100 例》，中国经济出版社 2017 年版。

33. 张兴、侯春平主编：《国有企业混合所有制改革政策法规全书》，法律出版社 2019 年版。

34. 国务院国资委改革办编：《国企改革探索与实践——中央企业子企业 150 例》，中国经济出版社 2017 年版。

35. 王悦：《混改：资本视角的观察与思考》，中信出版集团 2019 年版。

36. 国务院国资委改革办编：《国企改革探索与实践——中央

企业集团 15 例》，中国经济出版社 2018 年版。

37. 程楠：《国企改革实用指南：混改、PPP、资产证券化》，法律出版社 2018 年版。

38. 何秉孟主编：《产权理论与国企改革——兼评科斯产权理论》，社会科学文献出版社 2005 年版。

39. 兰有金：《国企混改新时代》，中信出版集团 2019 年版。

40. 孙宪忠等：《国家所有权的行使与保护研究》，中国社会科学出版社 2015 年版。

41. 王明亮：《中国国有企业治理制度研究》，湖南师范大学出版社 2008 年版。

42. 刘斌：《国企混改实战 100 问》，中国人民大学出版社 2020 年版。

43. ［以］约拉姆·巴泽尔：《产权的经济分析》，费方域、段毅才、钱敏译，格致出版社、上海三联书店、上海人民出版社 2017 年版。

44. ［美］道格拉斯·C.诺思：《制度、制度变迁与经济绩效》，杭行译，格致出版社、上海三联书店、上海人民出版社 2008 年版。

45. ［美］E.博登海默：《法理学：法律哲学与法律方法》，邓正来译，中国政法大学出版社 2017 年版。

46. ［英］奥格斯：《规制：法律形式与经济学理论》，骆梅英译，中国人民大学出版社 2008 年版。

47. ［美］奥利弗·E.威廉姆森：《资本主义经济制度》，段毅才、王伟译，商务印书馆 2003 年版。

二、中文期刊

1. 顾功耘：《论国资国企深化改革的政策目标与法治走向》，《政治与法律》2014 年第 11 期。

2. 孙晋：《竞争性国企市场支配地位取得与滥用以及规制的特殊性》，《法学评论》2016 年第 1 期。

3. 王建文、刘伟：《我国商业类国有企业股权结构改革的法律化路径》，《湖北社会科学》2016 年第 7 期。

4. 蒋大兴：《合宪视角下混合所有制的法律途径》，《法学》2015 年第 5 期。

5. 丁国民、随亮田：《竞争性国有企业改革的法律路径》，《福建法学》2014 年第 2 期。

6. 顾功耘、胡改蓉：《国企改革的政府定位及制度重构》，《现代法学》2014 年第 3 期。

7. 肖海军：《政府董事：国有企业内部治理结构重建的切入点》，《政法论坛》2017 年第 1 期。

8. 吴越：《国企"混改"中的问题与法治追问》，《政法论坛》2015 年第 3 期。

9. 孙晋、徐则林：《国有企业党委会和董事会的冲突与协调》，《法学》2019 年第 1 期。

10. 段宏磊、刘大洪：《混合所有制改革与市场经济法律体系的完善》，《学习与实践》2015 年第 5 期。

11. 张荣现：《国有企业股份制改造的若干法律问题》，《河南师范大学学报（哲学社会科学版）》1998 年第 3 期。

12. 马俊驹：《国家所有权的基本理论和立法结构探讨》，《中国法学》2011 年第 4 期。

13. 孙光焰：《论国有企业法的重要地位——以国有企业混合所有制改革为中心》，《江汉论坛》2017 年第 11 期。

14. 徐晓松：《论国有企业公司制改革中的产权问题》，《政法论坛》2000 年第 2 期。

15. 刘俊海：《深化国有企业公司制改革的法学思考》，《中共中央党校学报》2013 年第 6 期。

16. 徐晓松：《论垄断国有企业监管法律制度框架的重构》，《政治与法律》2012 年第 1 期。

17. 蒋建湘：《国企混合所有制改革背景下员工持股制度的法律构建》，《法商研究》2016 年第 6 期。

18. 王乐泉：《论改革与法治的关系》，《中国法学》2014 年第 6 期。

19. 公丕祥：《习近平法治思想中的改革论述》，《东方法学》2021 年第 2 期。

20. 张文显：《法治与国家治理现代化》，《中国法学》2014 年第 4 期。

21. 张文显：《习近平法治思想研究（上）——习近平法治思想的鲜明特征》，《法制与社会发展》2016 年第 2 期。

22. 张文显：《习近平法治思想研究（中）——习近平法治思想的一般理论》，《法制与社会发展》2016 年第 3 期。

23. 张文显：《习近平法治思想研究（下）——习近平全面依法治国的核心观点》，《法制与社会发展》2016 年第 4 期。

24. 王通平：《国有企业经营者薪酬制度困境的法律分析》，《国家行政学院学报》2010 年第 2 期。

25. 彭真明、方妙：《国有企业经营者薪酬的法律规制——一个程序视角的分析》，《法律科学（西北政法大学学报）》2011 年第 1 期。

　26. 肖金明：《为全面法治重构政策与法律关系》,《中国行政管理》2013 年第 5 期。

　27. 郭武、刘聪聪：《在环境政策与环境法律之间——反思中国环境保护的制度工具》,《兰州大学学报（社会科学版）》2016 年第 2 期。

　28. 李龙、李慧敏：《政策与法律的互补谐变关系探析》,《理论与改革》2017 年第 1 期。

　29. 闫然、田志友：《混合所有制改革进程中的法律挑战》,《上海国资》2014 年第 11 期。

　30. 李济广：《国有企业混合所有制的目的、形式与治理保障》,《社会科学》2015 年第 2 期。

　31. 剧锦文：《国有企业推进混合所有制改革的缔约分析》,《天津社会科学》2016 年第 1 期。

　32. 杨卫东：《论新一轮国有企业改革》,《华中师范大学学报（人文社会科学版）》2014 年第 3 期。

　33. 杨瑞龙：《以混合经济为突破口推进国有企业改革》,《改革》2014 年第 5 期。

　34. 常修泽：《社会主义市场经济体制的基础：混合所有制经济》,《光明日报》2014 年 7 月 2 日，第 15 版。

　35. 高明华、杨丹、杜雯翠等：《国有企业分类改革与分类治理——基于七家国有企业的调研》,《经济社会体制比较》2014 年第 2 期。

　36. 张国平：《国有企业与现代企业产权制度融合性的法律分析》,《南京社会科学》2006 年第 3 期。

　37. 马本江、张瑜、周忠民：《混合所有制改革背景下国有资本投资民营企业的条件融资契约设计》,《商业研究》2018 年第 10 期。

38. 唐克敏:《混合所有制改革面临的主要难题与对策》,《经济问题》2015 年第 6 期。

39. 沈贵明:《国有企业资本结构改革的法理分析》,《郑州大学学报（哲学社会科学版）》2002 年第 5 期。

40. 付钦太:《基本经济制度视域下国企混合所有制改革的基本思路》,《江苏行政学院学报》2015 年第 4 期。

41. 田新霞、马章山:《英国国有企业民营化改革及对中国的启示》,《经济与管理》2006 年第 6 期。

42. 刘建军:《国外国企改革经验综述及对我国国企改革启示》,《当代财经》2003 年第 8 期。

43. 张学平、张婧:《夹层资本、契约条款治理机制与国有企业混合所有制改革》,《经济与管理研究》2016 年第 1 期。

44. 龚博:《以优先股制约国有股控权的制度设计》,《法学》2012 年第 10 期。

45. 秦少平:《国有参股企业的监督管理》,《上海国资》2014 年第 6 期。

46. 袁锦秀:《优先股股权优先及其相关问题透析——以法律为视角》,《湖北社会科学》2006 年第 1 期。

47. 张立省:《黄金股研究综述》,《首都经济贸易大学学报》2012 年第 1 期。

48. 张立省:《欧洲黄金股研究及对我国的启示》,《管理现代化》2012 年第 1 期。

49. 李炳安、赵龙:《论管理层收购与国有企业改革——法律视角的思考》,《福建论坛（人文社会科学版）》2007 年第 5 期。

50. 孙长坪：《论国有企业的企业法主体概念之选择》，《社会科学》2008 年第 1 期。

51. 杨红英、童露：《论混合所有制改革下的国有企业公司治理》，《宏观经济研究》2015 年第 1 期。

52. 王铁梅、丁宇翔：《论国有企业改革中的股权》，《山西大学学报（哲学社会科学版）》2001 年第 1 期。

53. 程承坪、焦方辉：《现阶段推进混合所有制经济发展的难点及措施》，《经济纵横》2015 年第 1 期。

54. 陈华一：《论政府在现代国有企业制度中的法律地位》，《中国法学》1999 年第 5 期。

55. 黄群慧：《破除混合所有制改革的八个误区》，《经济日报》2017 年 8 月 4 日，第 14 版。

56. 程恩富、张建刚：《坚持公有制经济为主体与促进共同富裕》，《求是学刊》2013 年第 1 期。

57. 黄群慧、余菁：《新时期的新思路：国有企业分类改革与治理》，《中国工业经济》2013 年第 11 期。

58. 刘震、张祎嵩：《试论混合所有制改革中的公有制方向——基于马克思的所有制理论反思我国改革开放以来的所有制变迁》，《思想理论教育导刊》2015 年第 3 期。

59. 孙蚌珠：《深化国有企业改革和发展混合所有制经济》，《思想理论教育导刊》2015 年第 3 期。

60. 周新城：《谨防以推行混合所有制为名削弱国有经济》，《马克思主义研究》2016 年第 12 期。

61. 方敏：《发展混合所有制经济与完善基本经济制度》，《山东社会科学》2014 年第 11 期。

62. 何自力：《发展混合所有制经济要坚持社会主义方向》，

《山东社会科学》2014 年第 11 期。

63. 邱海平：《论混合所有制若干原则性问题》，《人民论坛·学术前沿》2014 年第 6 期。

64. 肖贵清、乔惠波：《混合所有制经济与国有企业改革》，《社会主义研究》2015 年第 3 期。

65. 杨瑞龙：《以混合经济为突破口推进国有企业改革》，《改革》2014 年第 5 期。

66. 李东升、杜恒波、唐文龙：《国有企业混合所有制改革中的利益机制重构》，《经济学家》2015 年第 9 期。

67. 李政、艾尼瓦尔：《美国员工持股计划及其对我国国企改革的启示》，《当代经济研究》2016 年第 9 期。

68. 贾利军、杨静：《从生产关系与技术创新的内在逻辑认识混合所有制改革》，《教学与研究》2015 年第 4 期。

69. 李政：《"国进民退"之争的回顾与澄清——国有经济功能决定国有企业必须有"进"有"退"》，《社会科学辑刊》2010 年第 5 期。

70. 翟国强：《经济权利保障的宪法逻辑》，《中国社会科学》2019 年第 12 期。

71. 金辉：《国务院发展研究中心原副主任陈清泰：国企改革过程中如何认识管资本为主》，《经济参考报》2016 年 11 月 10 日，第 A08 版。

72. 郑志刚、邹宇、崔丽：《合伙人制度与创业团队控制权安排模式选择——基于阿里巴巴的案例研究》，《中国工业经济》2016 年第 10 期。

73. 谢志华：《公司的本质——兼论国企混合所有制改革》，《北京工商大学学报（社会科学版）》2015 年第 3 期。

74. 李涛：《混合所有制公司中的国有股权——论国有股减持的理论基础》，《经济研究》2002 年第 8 期。

75. 黄群慧：《新时期如何积极发展混合所有制经济》，《行政管理改革》2013 年第 12 期。

76. 彭建国：《关于积极发展混合所有制经济的基本构想》，《中国发展观察》2014 年第 3 期。

77. 梁法院：《新一轮国企改革中如何发展混合所有制经济》，《企业研究》2014 年第 3 期。

78. 王恒：《西方国家发展混合所有制经济的借鉴与启示》，《湖北经济学院学报（人文社会科学版）》2007 年第 1 期。

79. 武力、肖翔：《中国共产党关于国有企业发展与改革的探索》，《湖南社会科学》2011 年第 2 期。

80. 王新红、谈琳：《论"国资委"的性质、权利范围与监督机制》，《湖南社会科学》2005 年第 4 期。

81. 冯志峰：《供给侧结构性改革的理论逻辑与实践路径》，《经济问题》2016 年第 2 期。

82. 刘霞辉：《供给侧的宏观经济管理——中国视角》，《经济学动态》2013 年第 10 期。

83. 葛扬：《市场机制作用下国企改革、民企转型与混合所有制经济的发展》，《经济纵横》2015 年第 10 期。

84. 邹宏宇：《现代企业制度的内涵与国有企业改革方向结合研究》，《东方企业文化》2014 年第 16 期。

85. 罗良文、梁圣蓉：《供给侧改革背景下国有企业混合所有制改革的理论逻辑与实践路径》，《湖南社会科学》2016 年第 4 期。

86. 张斌、嵇凤珠：《股权制衡与混合所有制改革：基于特质信息释放效率的视角》,《江海学刊》2014 年第 6 期。

87. 王宏波、陶惠敏:《国企混改要有利于解放和发展国有企业生产力》,《马克思主义研究》2017 年第 3 期。

88. 项启源、何干强:《科学理解和积极发展混合所有制经济——关于改革和加强国有企业的对话》,《马克思主义研究》2014 年第 7 期。

89. 张武、尹经宇:《国有企业产权改革的法经济学分析》,《现代法学》2002 年第 3 期。

90. 邓宏图、李长英:《国有企业的产权、改革宏观效应与退出成本研究——一个基于历史与宪法视角的国企存在合理性的逻辑证明》,《江苏社会科学》2006 年第 5 期。

91. 蔡贵龙、郑国坚、马新啸等:《国有企业的政府放权意愿与混合所有制改革》,《经济研究》2018 年第 9 期。

92. 阳东辉:《国有企业改革的法哲学基础及多元模式构想》,《法商研究（中南政法学院学报）》2002 年第 1 期。

93. 陈仕华、卢昌崇:《国有企业高管跨体制联结与混合所有制改革——基于"国有企业向私营企业转让股权"的经验证据》,《管理世界》2017 年第 5 期。

94. 杨薇薇:《国有企业混合所有制改革必然性分析与最佳改革成效实现路径研究》,《湖北社会科学》2016 年第 10 期。

95. 张冰石、马忠、夏子航:《国有企业混合所有制改革理论研究》,《经济体制改革》2017 年第 6 期。

96. 卫兴华、何召鹏:《从理论和实践的结合上弄清和搞好混合所有制经济》,《经济理论与经济管理》2015 年第 1 期。

97. 李维安:《深化国企改革与发展混合所有制》,《南开管理评论》2014 年第 3 期。

98. 皮建才、赵润之:《国有企业混合所有制改革与民营企业过度进入——一个基于中国式上下游关系的分析框架》,《中国经济问题》2019 年第 2 期。

99. 剧锦文:《所有制混合的制度瓶颈与改革前瞻》,《人民论坛·学术前沿》2014 年第 6 期。

100. 欧阳恩钱、许向东:《后改革开放时代国有企业法实质公平价值的实现》,《求索》2009 年第 8 期。

101. 刘大洪、段宏磊:《混合所有制、公私合作制及市场准入法的改革论纲》,《上海财经大学学报》2017 年第 5 期。

102. 齐平、李彦锦:《混合所有制改革与国有企业投资效率提升》,《中州学刊》2017 年第 1 期。

103. 刘震、张祎嵩:《基于案例研究的混合所有制改革动因分析》,《学习与探索》2015 年第 8 期。

104. 陈俊龙:《交易成本、科斯定理与混合所有制经济发展》,《学术交流》2014 年第 4 期。

105. 李政:《增强国有经济创新力的理论基础与实现路径》,《政治经济学评论》2020 年第 2 期。

106. 孙建强、吴晓梦:《资本配置视角下国企混改作用机理——以中粮集团为例》,《财会月刊》2019 年第 7 期。

107. 程承坪、邱依婷:《所有制歧视的政治经济学分析——兼论国有企业混合所有制改革》,《学习与探索》2016 年第 4 期。

108. 张冰石、马忠、夏子航:《垄断性国有企业混合所有制改革的理论逻辑与实践启示》,《新疆社会科学》2018 年第 4 期。

109. 秦前红、谷道敏:《论国有财产的宪法地位及其功能——以中国政治和经济发展为语境的探讨》,《哈尔滨工业大学学报(社会科学版)》2012 年第 6 期。

110. 李响：《论国有经济的主导力量定位——〈宪法〉第 7 条的规范诠释》，《现代法学》2016 年第 4 期。

111. 杨春学、杨新铭：《所有制适度结构：理论分析、推断与经验事实》，《中国社会科学》2020 年第 4 期。

112. 黄建文：《现代产权制度与国有企业产权的法律界定》，《科学·经济·社会》2005 年第 4 期。

113. 李昌庚：《转型视角下的中国国有企业治理法律研究》，《法学杂志》2010 年第 12 期。

114. 王冀宁、朱玲：《美英法德日芬的国有资产管理体制的国际比较》，《求索》2007 年第 6 期。

115. 王军：《国企改革与国家所有权神话》，《中外法学》2005 年第 3 期。

116. 吴敬琏：《"国进民退"：中国改革的风险》，《中国民营科技与经济》2012 年第 Z3 期。

117. 卢江：《论双重结构下的混合所有制改革——从微观资源配置到宏观制度稳定》，《经济学家》2018 年第 8 期。

118. 姜凌、许君如：《新时代我国国有企业混合所有制改革路径探究——基于全球化时代市场经济的视角》，《四川大学学报（哲学社会科学版）》2018 年第 5 期。

119. 和军、季玉龙：《国企混合所有制改革红利与实现途径》，《中国特色社会主义研究》2014 年第 5 期。

120. 郑志刚：《国企公司治理与混合所有制改革的逻辑和路径》，《证券市场导报》2015 年第 6 期。

121. 綦好东、郭骏超、朱炜：《国有企业混合所有制改革：动力、阻力与实现路径》，《管理世界》2017 年第 10 期。

122. 李跃平：《回归企业本质：国企混合所有制改革的路径

选择》,《经济理论与经济管理》2015年第1期。

123. 祁怀锦、刘艳霞、王文涛:《国有企业混合所有制改革效应评估及其实现路径》,《改革》2018年第9期。

124. 姜凌、许君如:《新时代我国国有企业混合所有制改革路径探究——基于全球化时代市场经济的视角》,《四川大学学报（哲学社会科学版）》2018年第5期。

125. 李政、艾尼瓦尔:《新时代"国民共进"导向的国企混合所有制改革:内涵、机制与路径》,《理论学刊》2018年第6期。

126. 武常岐、张林:《国企改革中的所有权和控制权及企业绩效》,《北京大学学报（哲学社会科学版）》2014年第5期。

127. 刘晔、张训常、蓝晓燕:《国有企业混合所有制改革对全要素生产率的影响——基于PSM-DID方法的实证研究》,《财政研究》2016年第10期。

128. 廖红伟、丁方:《产权多元化对国企经济社会绩效的综合影响——基于大样本数据的实证分析》,《社会科学研究》2016年第6期。

129. 赵放、刘雅君:《混合所有制改革对国有企业创新效率影响的政策效果分析——基于双重差分法的实证研究》,《山东大学学报（哲学社会科学版）》2016年第6期。

130. 张涛、徐婷、邵群:《混合所有制改革、国有资本与治理效率——基于我国工业企业数据的经验研究》,《宏观经济研究》2017年第10期。

131. 王业雯、陈林:《混合所有制改革是否促进企业创新?》,《经济与管理研究》2017年第11期。

132. 谢海洋、曹少鹏、孟欣:《混合所有制改革实践与企业绩效——基于非国有股东派任董监高的中介效应》,《华东经济管理》2018 年第 9 期。

133. 杨萱:《混合所有制改革提升了国有企业绩效吗?》,《经济体制改革》2019 年第 6 期。

134. 朱磊、陈曦、王春燕:《国有企业混合所有制改革对企业创新的影响》,《经济管理》2019 年第 11 期。

135. 张双鹏、周建、周飞谷:《混合所有制改革对企业战略变革的影响研究——基于结构性权力的视角》,《管理评论》2019 年第 1 期。

136. 杨红英、童露:《论混合所有制改革下的国有企业公司治理》,《宏观经济研究》2015 年第 1 期。

137. 张孝梅:《混合所有制改革背景的员工持股境况》,《改革》2016 年第 1 期。

138. 佟健、宋小宁:《混合所有制改革与国有企业治理》,《广东财经大学学报》2016 年第 1 期。

139. 李红娟、张晓文:《员工持股试点先行:值得期待的国企混合所有制改革——基于江苏、江西国有企业员工持股改革分析》,《经济体制改革》2017 年第 4 期。

140. 叶玲、王亚星:《混合所有制改革下公司治理结构的动态调整路径研究》,《当代财经》2018 年第 8 期。

141. 王曙光、冯璐、徐余江:《混合所有制改革视野的国有股权、党组织与公司治理》,《改革》2019 年第 7 期。

142. 沈红波、张金清、张广婷:《国有企业混合所有制改革中的控制权安排——基于云南白药混改的案例研究》,《管理世界》2019 年第 10 期。

143. 沈昊、杨梅英:《国有企业混合所有制改革模式和公司治理——基于招商局集团的案例分析》，《管理世界》2019 年第 4 期。

144. 吴树畅：《民营企业参与国有企业混合所有制改革的经验——以复星集团参与国药集团混合所有制改革为例》，《财务与会计》2015 年第 6 期。

145. 李东升、杜恒波、唐文龙：《国有企业混合所有制改革中的利益机制重构》，《经济学家》2015 年第 9 期。

146. 李建标、王高阳、王帅琦等：《混合所有制改革中国有和非国有资本的行为博弈——实验室实验的证据》，《中国工业经济》2016 年第 6 期。

147. 王曙光、徐余江：《民营企业发展与混合所有制改革实证研究——路径选择与政策框架》，《国家行政学院学报》2017 年第 5 期。

148. 洪正、袁齐：《非国有股东治理与国企分红——兼论混合所有制改革》，《商业研究》2019 年第 1 期。

149. 程俊杰、章敏、黄速建：《改革开放四十年国有企业产权改革的演进与创新》，《经济体制改革》2018 年第 5 期。

150. 杨瑞龙：《简论国有企业分类改革的理论逻辑》，《政治经济学评论》2015 年第 6 期。

151. 杨瑞龙：《国有企业改革逻辑与实践的演变及反思》，《中国人民大学学报》2018 年第 5 期。

152. 张文魁：《国有企业改革 30 年的中国范式及其挑战》，《改革》2008 年第 10 期。

153. 黄速建、胡叶琳：《国有企业改革 40 年：范式与基本逻辑》，《南京大学学报（哲学·人文科学·社会科学）》2019 年第 2 期。

154. 廖红伟、杨良平：《国有企业改革中的员工持股制度分析——基于交易成本理论的视角》，《江汉论坛》2017 年第 9 期。

155. 程俊杰、黄速建：《基于竞争中性的混合所有制改革：逻辑框架与推进路径》，《江海学刊》2019 年第 5 期。

156. 吴敬琏：《产权保护、法治保护仍存在不少的问题》，《上海企业》2018 年第 6 期。

157. 丁然：《基于信托结构化基金模式的混合所有制改革路径建构》，《海南大学学报（人文社会科学版）》2016 年第 6 期。

158. 马建平：《国企混改的十个关键点》，《国资报告》2019 年第 1 期。

159. 李济广：《国有企业混合所有制的目的、形式与治理保障》，《社会科学》2015 年第 2 期。

160. 王通平：《国有企业经营者薪酬制度困境的法律分析》，《国家行政学院学报》2010 年第 2 期。

161. 周其华：《国有企业实行公司制改革的法律保障》，《法学杂志》1999 年第 4 期。

162. 卢炯星、杜惟毅：《国有企业问题的法律分析》，《中国经济问题》2000 年第 4 期。

163. 马本江、张瑜、周忠民：《混合所有制改革背景下国有资本投资民营企业的条件融资契约设计》，《商业研究》2018 年第 10 期。

164. 马丽：《混合所有制中的法律挑战》，《法人》2014 年第 7 期。

165. 付钦太：《基本经济制度视域下国企混合所有制改革的基本思路》，《江苏行政学院学报》2015 年第 4 期。

166. 卞传山：《警惕国企混改法律风险》，《法人》2018 年第

2 期。

167. 李超：《酒业混改流产背后的法律空白》《华夏酒报》2015 年 3 月 31 日，第 A03 版。

168. 陈华一：《论政府在现代国有企业制度中的法律地位》，《中国法学》1999 年第 5 期。

169. 王世权：《激发内生动力 深化国有企业三项制度改革》，《人民日报》2020 年 6 月 24 日，第 9 版。

170. 王兰：《深化国有企业混合所有制改革需要法律保障》《鞍山日报》2017 年 8 月 14 日，第 A05 版。

171. 李宏岳：《探讨混合所有制改革对国有僵尸企业的抑制作用》，《新疆社会科学》2019 年第 1 期。

172. 杨建君：《大型国企混合所有制改革的关键环节》，《改革》2014 年第 5 期。

173. 张兆国、陈华东、郑宝红：《资本结构视角下国企混合所有制改革中几个问题的思考》，《宏观经济研究》2016 年第 1 期。

174. 谭秋霞：《日本国企改革的法律分析及对我国国企混改的启示》，《法学论坛》2016 第 1 期。

175. 王红一：《〈公司法〉修订与国有企业公司制改革》，《学术研究》2001 年第 6 期。

176. 沈贵明：《国有企业股份合作制改造置疑》，《法学家》2002 年第 5 期。

177. 徐开墅：《关于国有企业改革与公司法制化的几点思考》，《政治与法律》1998 年第 3 期。

178. 陈希：《国企混合所有制改革中股权平等研究》，《河南社会科学》2017 年第 4 期。

179. 杜运潮、王任祥、徐凤菊：《国有控股上市公司的治理能力评价体系——混合所有制改革背景下的研究》,《经济管理》2016 年第 11 期。

180. 李建伟：《国有企业特殊法制在现代公司法制中的生成与安放》,《中南大学学报（社会科学版）》2017 年第 3 期。

181. 陈怡璇：《国资混改的法律底色》,《上海国资》2015 年第 1 期。

182. 王子林：《混合所有制改革视阈下的国有经济控制力研究》,《当代经济研究》2017 年第 5 期。

183. 王生斌：《混合所有制改革下的控制股东权利制衡研究》,《中南民族大学学报（人文社会科学版）》2018 年第 4 期。

184. 王军、林莺：《混合所有制改革中控制股东法律规制研究》,《河北法学》2015 年第 5 期。

185. 窦晴身、王鸿鸣：《国有企业公司制改造中所有者虚置问题探析》,《法学》2002 年第 1 期。

186. 汤吉军、安然：《发展混合所有制经济的风险防范与治理》,《江汉论坛》2016 年第 5 期。

187. 张祥建、郭丽虹、徐龙炳：《中国国有企业混合所有制改革与企业投资效率——基于留存国有股控制和高管政治关联的分析》,《经济管理》2015 年第 9 期。

188. 陈俊龙：《最优国有化水平与国有商业银行混合所有制改革》,《金融经济学研究》2015 年第 4 期。

189. 李玉菊：《混合所有制改革中的商誉与无形资产价值问题》,《财经科学》2018 年第 1 期。

190. 郑志刚：《分权控制与国企混改的理论基础》,《证券市场导报》2019 年第 1 期。

191. 朱珍:《混合所有制改革对国资预算收入结构影响的实证分析与制度保障——以资源垄断型集团公司及其上市子公司为例》,《经济与管理研究》2016 年第 1 期。

192. 杜媛、孙莹、王苑琢:《混合所有制改革推动资本管理创新和营运资金管理发展——中国企业营运资金管理研究中心协同创新回顾及 2014 年论坛综述》,《会计研究》2015 年第 1 期。

193. 陈林、唐杨柳:《混合所有制改革与国有企业政策性负担——基于早期国企产权改革大数据的实证研究》,《经济学家》2014 年第 11 期。

194. 刘宝明、姜彦福、常修泽:《论中西方产权研究的不同范式及产权残缺——一个理论框架及其对分析我国国有企业改革的意义》,《清华大学学报(哲学社会科学版)》1999 年第 2 期。

195. 项镜泉:《深化国企改革必须尊重宪法》,《国企》2014 年第 7 期。

196. 王保树:《完善国有企业改革措施的法理念》,《中国法学》2000 年第 2 期。

197. 于永臻:《中小型国有企业股份合作制改革的法和经济学考察》,《经济体制改革》2006 年第 5 期。

198. 吴长军:《国有企业性质定位与混合所有制改革路径》,《中国经贸导刊(理论版)》2017 年第 29 期。

199. 李国海:《论股份制改革条件下国有企业的法律界定》,《法商研究(中南政法学院学报)》2001 年第 5 期。

200. 周志强、徐新宇:《分享经济下民企参与国企混合所有制改革的目标取向》,《人民论坛》2019 年第 19 期。

201. 皮建才、赵润之:《上游国有企业混合所有制改革与下游民营企业产能过剩》,《学术研究》,2018 年第 4 期。

202. 彭华伟、蒋琪：《"竞争中立"原则下国企混合所有制改革分类标准的创新研究》,《西藏大学学报（社会科学版）》2019年第3期。

203. 黎桦：《〈民法总则〉法人类型体系的反思与改进——以国有企业分类改革为视角》,《社会科学》2019年第4期。

204. 吴勇敏、何源：《德国公营事业对中国国有企业类型化之启示——以判例与立法为中心展开》,《社会科学战线》2015年第5期。

205. 贾小雷：《公益类国有企业特殊法律规制的理论与实践》,《北京行政学院学报》2014年第2期。

206. 夏小林：《国企混改不能搞大规模"抽血疗法"——与厉以宁教授商榷》,《管理学刊》2017年第6期。

207. 高明华、杨丹、杜雯翠等：《国有企业分类改革与分类治理——基于七家国有企业的调研》,《经济社会体制比较》2014年第2期。

208. 唐现杰、李新宇：《国有企业混合所有制改革成功范式探索》,《人民论坛·学术前沿》2017年第18期。

209. 张冰石、马忠、夏子航：《基于国有资本优化配置的混合所有制改革实施模式》,《经济体制改革》2019年第2期。

210. 陈美颖：《类型化改革视角下国有企业之功能重构与立法调整》,《新疆大学学报（哲学·人文社会科学版）》2014年第4期。

211. 岳树民、鞠铭、王怡璞：《促进国有企业混合所有制改革与发展的税制优化》,《税务研究》2018年第5期。

212. 崔志坤、刘冰：《国有企业混合所有制改革税收政策的完善》,《税务研究》2018年第5期。

213. 崔威：《国有企业重组的"超特殊"税务处理：法律背景及评议》，《中外法学》2010 年第 6 期。

214. 丁芸：《让税收政策为国有企业混合所有制改革打开广阔天地》，《税务研究》2018 年第 5 期。

215. 姜影：《法国国有企业管理体制改革的历程及成效》，《法学》2014 年第 6 期。

216. 杨斌：《委内瑞拉怎样进行混合所有制改革》，《红旗文稿》2014 年第 19 期。

217. 赵树文：《国有企业职业经理人法律制度完善》，《社会科学家》2015 年第 7 期。

218. 周娜、鲍晓娟：《国企混合所有制改革轨迹与现实例证》，《改革》2017 年第 2 期。

219. 黄山：《国企混改背景下员工持股的法律激励》，《中国经贸导刊》2017 年第 5 期。

220. 陈俊龙：《交易成本、科斯定理与混合所有制经济发展》，《学术交流》2014 年第 4 期。

221. 王保树：《职工持股会的法构造与立法选择》，《法商研究（中南政法学院学报）》2001 年第 4 期。

222. 李念、李春玲、李瑞萌：《国有企业混合所有制改革研究综述》，《财会通讯》2016 年第 27 期。

223. 黄速建、余菁：《企业员工持股的制度性质及其中国实践》，《经济管理》2015 年第 4 期。

224. 李明辉：《试论国有企业经营者股权激励》，《河北法学》2006 年第 6 期。

225. 汪振江、李静：《国有企业改制中国有资产流失的原因分析及法律对策》，《兰州大学学报》2000 年第 2 期。

226. 张荣现：《国有企业股份制改造的若干法律问题》，《河南师范大学学报（哲学社会科学版）》1998 年第 3 期。

227. 卢成会、穆艳杰：《国有企业管理机制创新：一个混合所有制改革视角》，《河南社会科学》2018 年第 7 期。

228. 唐克敏：《混合所有制改革面临的主要难题与对策》，《经济问题》2015 年第 6 期。

229. 李峰、韩立民：《混合所有制改革视角下国有企业"管资本"研究：内涵与体系》，《山东大学学报（哲学社会科学版）》2018 年第 3 期。

230. 余菁：《"混合所有制"的学术论争及其路径找寻》，《改革》2014 年第 11 期。

231. 张卫东：《国企产权改革 30 年》，《湖北社会科学》2008 年第 7 期。

232. 王曙光等：《混合所有制经济与国有企业改革顶层设计与路径选择》，载中国企业改革与发展研究会编：《中国企业改革发展优秀成果（首届）》，中国经济出版社 2017 年版。

233. 牛振华等：《国有企业改革发展容错纠错机制研究》，载中国企业改革与发展研究会编：《中国企业改革发展优秀成果（首届）》（上卷），中国经济出版社 2017 年版。

234. 张晓文等：《国企推进"混改"，实行员工持股制度的典型模式及分析》，载中国企业改革与发展研究会编：《中国企业改革发展优秀成果（首届）》（上卷），中国经济出版社 2017 年版。

235. 郝晓薇、吴龙霞：《论混合所有制企业的集体劳动关系法律规制》，载中国企业改革与发展研究会编：《中国企业改革发展优秀成果（首届）》（上卷），中国经济出版社 2017 年版。

236. 胡谷华等：《基于产权－治权－红权配套协同的国有企

业混合所有制改革路径探索》，载中国企业改革与发展研究会编：《中国企业改革发展优秀成果 2018（第二届）》（上卷），中国经济出版社 2018 年版。

237. 葛培健、丁同庆、黎阳：《新时代国企混改机制创新与路径探索》，载中国企业改革与发展研究会编：《中国企业改革发展优秀成果 2018（第二届）》（上卷），中国经济出版社 2018 年版。

238. 柳学信、曹晓芳：《"国民共进"提速混合所有制改革》，《经济参考报》2020 年 9 月 14 日，第 A07 版。

239. 姬新龙、马宁：《混合所有制改革、产权性质与企业风险变化》，《北京理工大学学报（社会科学版）》2019 年第 2 期。

240. 许保利：《深化国企改革需要明确的几个问题》，《经济参考报》2019 年 12 月 9 日，第 7 版。

241. 张金艳：《竞争性国企核心竞争力的提升：现状、探源及反垄断法制完善——由中美贸易战中兴事件说起》，《税务与经济》2018 年第 6 期。

242. 林星阳：《竞争性国企及其纵向价格垄断立法模式探究》，《西南交通大学学报（社会科学版）》2020 年第 6 期。

243. 黄速建、刘美玉、张启望：《竞争性国有企业混合所有制改革模式选择及影响因素》，《山东大学学报（哲学社会科学版）》2020 年第 3 期。

244. 唐杨、李光金：《竞争性国有企业战略实证研究——以中石油为例》，《学术论坛》2014 年第 1 期。

245. 李红娟：《以产权为核心深入推进混合所有制改革》，《经济参考报》2020 年 2 月 3 日，第 A08 版。

246. 金碚：《论国有企业改革再定位》，《中国工业经济》

2010 年第 4 期。

247. 黄速建：《国有企业改革三十年：成就、问题与趋势》，《首都经济贸易大学学报》2008 年第 6 期。

248. 余菁：《"混合所有制"的学术论争及其路径找寻》，《改革》2014 年第 11 期。

249. 权小锋、蒋军锋：《剩余控制权、剩余索取权与公司绩效》，《商业经济与管理》2009 年第 8 期。

250. 大卫·科茨：《混合所有制企业的评价研究——在"国有企业深化改革与规范治理国际学术研讨会"上的演讲》，张智远译，《马克思主义研究》2015 年第 2 期。

251. 特伦斯·麦克唐纳：《爱尔兰国有企业私有化改革的经验教训——在"国有企业深化改革与规范治理国际学术研讨会"上的演讲》，张智远译，《马克思主义研究》2015 年第 2 期。

252. 李俊江、史本叶：《美国国有企业发展及其近期私有化改革研究》，《吉林大学社会科学学报》2006 年第 1 期。

253. 姜影：《法国国有企业管理体制改革的历程及成效》，《法学》2014 年第 6 期。

254. 郭杰、沈子奕：《非洲私有化改革现状及影响》，《中国国情国力》2020 年第 3 期。

255. 黄群慧：《新时期如何积极发展混合所有制经济》，《行政管理改革》2013 年第 12 期。

256. 黄速建：《中国国有企业混合所有制改革研究》，《经济管理》2014 年第 7 期。

257. 李正图：《当前发展混合所有制的难点及对策》，《上海国资》2004 年第 4 期。

三、外文文献

1. Stefan Grundmann, Florian Moslein, "Golden Shares–State Control in Privatised Companies: Comparative Law, European Law and Policy Aspects", European Private Law Journal, 2003.

2. O.E.Williamson, *Markets and Hierarchies: Analysis and Antitrust Implications*, Free Press, 1975.

3. A Ronson v. Lewis, 473 A.2d 805（Del. 1984）.

4. Australian, Commonwealth Competitive Neutrality Policy Statement, 1996, http://archive.treasury.gov.au[2021–01–15].

四、博士论文

1. 戴保民:《关于国有企业发展混合所有制的探讨》, 中国社会科学院研究生院 2017 年博士学位论文。

2. 刘明越:《国企产权制度改革的逻辑与问题研究》, 复旦大学 2013 年博士学位论文。

3. 邓沛琦:《中英混合所有制经济模式比较研究》, 武汉大学 2015 年博士学位论文。

4. 王爱武:《混合所有制改革过程中国有企业公司治理问题研究》, 中共中央党校 2018 年博士学位论文。

5. 武涛:《马克思主义所有制理论与国企改革》, 中共中央党校 2011 年博士学位论文。

6. 赵斌斌:《"混改"国企职业经理人生成机制研究》, 安徽大学 2019 年博士学位论文。

7. 刘小春:《中央企业公司治理法治化研究》, 湖南大学 2017 年博士学位论文。

后　记

　　本书由我的博士论文修改而成。三年的博士生活转瞬即逝，二十载求学生涯也一并结束。出生在农村，从小就有一个去城市看一看的愿望，这样的初心一直支撑着我读书至而立之年。回首望去，儿时一起玩耍的伙伴都已成家，我生长的乡村也变得"物非人非"。求学之路并不顺利，还好坚持了下来。究竟学到了什么，是思维！人会逐渐忘记学过的知识，但求学过程带来的思维变化，会让我们变得更好！希望自己不忘初心，砥砺前行，好好生活，好好待人！

　　感恩求学路上遇到的所有老师，尤为感恩黄和新教授与秦美琴老师、倪斐教授与李本美老师，从硕士到博士，从学习到生活，从理论到实务，从专业知识到为人处世，他们都帮我很多，这也将成为我未来人生路上极为宝贵的"财富"，指引我勇敢前行。感恩诸好友帮衬，助我顺利完成学业，尤其是在南京的陈亚东、李明、李聪、张春龙、花良勋、陈庆、胡少波、王顺……甚为难忘。

　　感恩爱人范璐璐女士，2014年相识，后相知、相爱，时至今日，悠悠宝贝也已一岁有余，一路走来，谢谢你对我的信任与支持！感恩岳父母，感恩妻妹范秋月女士，感恩妹妹书晴、弟弟书恒，是你们对我读博、安家给予了太多的帮助，我才有了今天的生活，有你们是我的幸运！感恩父母，虽家境贫寒，但一直支持我走到今天，你们从不干预我的选择，从大学到专业、定居到结婚……这尤为珍贵。谢谢你们，博士学位算是我求学结束送给你们的礼物吧！

　　本书写作不易，其中参考了大量文献资料与研究成果，感恩为此付出辛劳的作者们。由于本人水平有限，还望学界师长和广大读者批评指正。

殷书建

2024 年 10 月 8 日于誉峰苑